오늘보다 빛나는 내일을 꿈꾸는

_____님께

달콤한 마시멜로를 선물합니다

청소년을 위한
마시멜로 이야기

청소년을 위한
마시멜로
이야기

호아킴 데 포사다 원작 | 전지은 지음

한국경제신문

Message to my Korean teenage readers
한국의 청소년 독자들에게 보내는 메시지

우선 제가 쓴 두 권의 마시멜로 이야기를 사랑해주신 한국의 독자 여러분에게 감사드립니다. 또한 청소년들을 위해 이 책을 출간한 출판사 관계자들에게 감사의 말씀을 드립니다.

한국은 어려운 역경을 딛고 일어선 나라입니다. 한국인들의 치열한 노력 끝에 한국은 누구도 예상하지 못한 기적 같은 성공을 이루었습니다. 한국은 세계적인 기업들을 성장시켰고, 훌륭한 많은 인재들을 배출했습니다.

하지만 전 세계를 강타한 지금의 경제위기는 한국은 물론, 제가 살고 있는 미국에도 큰 영향을 미치고 있습니다. 이 위기가 언제 끝날지는 아무도 모릅니다. 아마 청소년 여러분도 미래에 대한 두려움과 불확실함을 떨칠 수 없을 것입니다.

미래를 선도하는 리더가 되기 위해서는 다가오는 변화를 다른 사람들보다 빨리 감지해야 합니다. 그리고 신속하게 행동해야 합니다. 여러분은 냉철하게 현실을 인식하고, 해야 할 일들을 미루지 말아야 합니다. 미래에 대한 준비를 게을리 하지 말고, 다가오는 기회를 이용하여 도약할 준비를 해야 합니다.

그러기 위해서, 여러분은 마시멜로 법칙을 깨달아야 합니다.

신발 회사에서 일하던 두 명의 판매사원에 대한 이야기가 있습니다.

두 명의 판매사원이 같이 어떤 나라에 가서 신발을 팔게 되었습니다. 그들은 비행기에서 내리자마자 놀라운 광경을 목격하였습니다. 그 나라 사람들은 거의 신발을 신고 있지 않고 맨발로 다녔던 것입니다.

이를 확인한 두 명의 판매사원은 공중전화로 달려갔습니다. 그중 한 명은 상사에게 이렇게 말했습니다.

"사장님, 중대한 실수를 하셨습니다. 이곳에서는 아무도 신발을 신고 있지 않으니, 전 다음 비행기로 돌아가겠습니다."

다른 판매사원 역시 상사에게 전화를 걸었습니다. 그리고 흥분된 목소리로 이렇게 말했습니다.

"사장님, 이런 나라에 저를 보내주셔서 기회를 주신 것에 대해 어떻게 감사를 드려야 할지 모르겠습니다. 여기에서는 아무도 신발을 신고 있지 않습니다. 이 사람들에게 신발 수십만 켤레를 팔 수 있을 것입니다."

두 명의 판매사원에게 닥친 현실은 똑같았습니다. 그러나 상사에게 처음 전화한 판매사원과 나중에 전화한 판매사원의 태도는 완전히 달랐습니다.

한 명은 눈앞의 작은 마시멜로만 집어먹을 생각을 했습니다. 그는 빨리 쉬운 고객을 찾아내고자 하였기에, 맨발인 사람들을 보고 그 나라에는 고객이 없다고 결론지었습니다. 하지만 다른 한 명은 열심히 일하여 시장을 개척한 뒤, 진정 커다란 마시멜로를 얻으려고 했습니다. 둘 중 누가 성공할지는 명백합니다.

저는 제 딸 캐롤라인이 13살이 되었을 때 마시멜로 법칙을 가르쳤습니다. 현재 캐롤라인은 29살의 성공한 변호사입니다. 그녀는 또 올란도라는 예쁜 아이의 엄마이기도 합니다. 캐롤라인은 자신의 아들에게 마시멜로 법칙을 가르칠 예정입니다. 올란도가 4살이 되면 마시멜로 실험을 거치게 될 것입니다.

저는 손자 올란도가 마시멜로 실험을 잘 해낼 수 있기를 바라지만, 올란도가 실험에 실패할지라도 실망하지 않을 겁니다. 마시멜로 법칙은 누구든 언제라도 익힐 수 있기 때문입니다.

한국의 청소년 여러분.

미래의 꿈을 이루고자 한다면 '지금'을 희생하세요. 만족감을 뒤로 미루세요. 훗날 승자가 되는 모습을 상상하며 지금 열심히 공부하세요. 부모님을 도와드리고, 부모님이 여러분을 위해 희생했던 노고에 보답해드리세요.

일상생활에서 마시멜로 법칙을 적용하고 긍정적인 태도를 유지한다면, 여러분은 매우 성공적인 청소년기를 보낼 수 있을 것입니다. 그리고 위기를 기회로 만드는 지혜로운 리더가 될 것입니다. 저는 당신이 세계 속의 한국의 위상을 높이는 중요한 인물이 될 것임을 확신합니다.

2009년 3월

호아킴 데 포사다

차례

라이언, 찰리를 만나다

 "라이언, 라이언! 아직도 자는 거니? 얼른 일어나지 못해?"

엄마의 날카로운 목소리가 들렸다. 라이언은 눈을 비비며 침대에서 일어났다. 무심결에 쳐다본 시계는 8시를 가리키고 있었다.

"헉, 또 지각이다."

라이언은 1층 욕실로 내려가 대충 세수를 하고, 허겁지겁 가방을 들고 현관문을 나섰다. 총알처럼 뛰쳐나간 라이언은 오른쪽 골목으로 방향을 틀다가 갑자기 멈춰 섰다.

"헉, 교과서!"

라이언은 집에 두고 온 물리 교과서가 생각났다. 원래 책은 거의 사물함에 넣어두고 다니지만, 오늘 있을 물리 수업을 미리 준비하려고 어제 가방에 넣어 왔었다. 하지만 결국 수업 준비는 못했다.

라이언은 뒤로 휙 돌아 집으로 뛰어갔다. 우당탕 대문을 열고 2층 방으로 올라간 라이언은 교과서를 가방에 챙겨 넣었다. 그러고는 다시 학교를 향해 달리기 시작했다.

"아, DVD!"

소방서 앞을 지날 때 라이언은 또 급정거를 했다. 이번에는 어제 레오에게서 빌렸던 영화 DVD가 생각났다. 레오도 형의 것을 몰래 가져온 거라 오늘 제자리에 갖다 놓지 않으면 안 된다고 했었다.

"라이언, 도대체 정신이 있는 거니, 없는 거니?"

엄마는 혀를 끌끌 찼다. 라이언은 대답할 틈도 없이 방으로 뛰어올라가 DVD를 가방에 넣었다.

집 밖으로 나온 라이언은 잠시 숨을 가다듬었다. 그러다 울타리 너머 옆집에서 누군가가 자신을 쳐다보는 느낌을 받았다.

'누구지? 새로 이사 왔나?'

라이언은 잠시 고개를 갸웃하고는 또다시 전속력으로 달리기 시작했다.

숨이 턱까지 차오르고 다리에 힘이 풀릴 때가 되어서야 라이언은 겨우 학교에 도착했다. 교실 문을 막 열고 들어갔을 때, 스피커에서 수업을 시작하는 종 소리가 울렸다.

"헉헉, 겨우 맞췄다."

교실 문을 붙잡고 숨을 몰아쉬고 있는데 라이언은 왠지 뒤통수가 따가움을 느꼈다. 뒤를 돌아보자 수학 선생님이 매서운 눈초리로 쳐다보고 있었다.

"라이언! 한두 번도 아니고, 넌 집도 가까운 녀석이 어째서 매일 지각이냐?"

선생님의 따끔한 말씀에 라이언은 머리를 긁적이며 자리에 들어가 앉았다.

선생님 말씀대로 라이언은 상습적으로 지각을 하곤 했다. 지난 몇 달 동안 지각한 날보다 제 시간에 온 날을 꼽는 편이 더 빠를 정도였으니까……. 물론 라이언도 제 시간에 등교하고 싶었다. 특히 교문 앞에서 숨을 헐떡일 때면 '내가 왜 늦게 일어나서 이 고생을 하고 있지?' 라는 생각이 들었다. 그렇지만 하루아침에 고치기에는 너무 오랫동안 몸에 배어

버린 습관이었다.

이런 습관의 주범은 바로 컴퓨터였다. 물론 과제가 있는 날도 있었고, 공부를 해야겠다고 생각한 날도 있었다. 그래서 정말 눈 딱 감고 컴퓨터는 쳐다보지도 않은 채 책만 들여다보았던 날도 분명 여러 번 있었다. 하지만 라이언은 저녁 식사를 마치면 거의 대부분 방으로 들어가 컴퓨터부터 켜고는 게임을 하거나 영화를 봤다. 그러고 나면 시간은 늘 새벽 3~4시였고, 그때 잠들어 아침에 제시간에 일어나기란 거의 불가능했다.

당연히 라이언은 늘 잠이 부족했고, 수업 시간에 눈을 뜨고 있기란 쉽지 않았다. 어떤 때는 수업 시간 내내 엎드려 자느라 허리가 뻐근하기도 했다.

학교에서 보내는 하루는 지루하기만 했다. 책을 펼치면 '이번 로버트 저메키스 영화, 엄청 잘 만들었다던데 어떤 내용일까?', '이번엔 게임 아이템으로 갑옷 하나 장만해야지.' 이런 생각들이 머릿속에 몽글몽글 떠올랐다. 그럴 때마다 고개를 세차게 흔들며 '이러면 안 돼!' 라고 생각해 보지만, 소용없었다. 손은 마우스를 잡고 싶어서 근질근질했다. 당연히 수업이 제대로 이해

될 리 없었다.

그렇게 며칠이 지나가고 토요일이 되었다. 별다른 계획이 없는 라이언은 마당에 놓인 벤치에 멍하니 앉아 있었다. 그때 어디선가 통통통, 공 소리가 들려왔다. 고개를 돌려보니 헐렁한 반바지를 입은 아저씨가 농구공을 튀기며 다가왔다.

"안녕? 난 옆집에 새로 이사 온 찰리라고 해."

그는 울타리 너머에서 인사를 건넸다.

"안녕하세요, 전 라이언이에요."

"라이언, 그나저나 오늘은 토요일인데 가만히 집에만 있는 거니?"

사실 라이언의 친구들은 오늘 농구 경기를 보러 경기장에 가 있었다. 라이언도 친구들과 함께 가고 싶었지만 그럴 수 없었다. 월요일에 받은 일주일치 용돈을 벌써 다 써버려 농구장 입장권은커녕 차비조차 없었으니까. 라이언은 한숨을 쉬며 사정을 간단히 이야기했다.

"어허, 그래? 용돈을 부족하게 받는 모양이구나."

라이언은 고개를 절레절레 저었다.

"아, 그건 아니에요. 좀 비싼 것을 사서 그래요."

"뭘 샀는데?"

"게임 아이템이요."

"그게 얼마나 하는데?"

"가격이야 천차만별이죠. 비싼 건 20달러 정도 해요."

찰리의 입에선 작은 탄성이 터져 나왔다. 왠지 자신을 한심하게 보는 것 같아 기분이 상한 라이언은 찰리를 곱지 않은 시선으로 쳐다보았다.

"근데 아저씨는 뭐하시는 분이에요? 회사에 다니시는 것 같진 않은데요?"

"하하, 난 대학생이야."

"대학생이요?"

라이언은 고개를 갸웃거렸다. 아무리 봐도 대학생이기에는 나이가 좀 들어보였기 때문이었다.

"놀랄 만도 하지. 어쨌든 내가 대학생일 나이는 아니니까."

찰리는 손가락 끝으로 농구공을 뱅글뱅글 돌렸다.

"공부는 언제든 할 수 있는 것 아니겠니? 난 고등학교를 졸업한 지는 한참 지났어. 그렇지만 공부를 좀 더 하고 싶어서 대학에 진학한 거란다."

라이언은 호기심이 가득 찬 눈으로 그를 바라보았다.

"이제 와서 공부가 더 하고 싶어졌다고요?"

"그럼. 난 목표가 있거든."

"아저씨 목표가 뭔데요?"

찰리는 라이언의 얼굴을 한참 동안 쳐다보다가 말했다.

"내 목표는……. 네가 물어보니까 나도 갑자기 궁금해졌는데, 네 목표는 뭐니?"

"저요? 저는……."

라이언은 머뭇거리다가 어깨를 으쓱했다.

"아직 정확하지 않아요. 아니, 없어요."

"목표가 없다고?"

찰리는 고개를 갸웃거렸다.

"목표 같은 거……. 공부 잘 하는 애들한테나 있는 거죠. 저는 그냥, 어떻게든 대학에만 가면 좋겠어요."

"라이언, 공부하는 게 힘들지?"

라이언은 고개를 숙이며 힘없이 웃어보였다.

"하긴, 네 나이에 공부가 쉽고 재미있는 아이가 몇이나 되겠니? 나도 정말 공부가 힘들고 하기 싫었어. 그러니까 제 나이에 대학교를 못 들어갔겠지."

그 말에 길게 한숨을 쉬는 라이언을 보며 아저씨는 고개를 절레절레 저었다.

"아니, 뭘 그렇게 한숨을 쉬어? 적어도 넌 나보다는 모범 생일 텐데……."

"에이, 아니에요. 아침마다 보셨잖아요. 매일 지각하고, 성적도 그저 그렇고……."

"하하하, 내 이야기를 해줄까? 너 휴대폰에 친구 번호 몇 개나 저장되어 있니?"

"글쎄요, 한 20개 정도?"

"내 전화번호 수첩은 늘 A에서 Z까지 가득 차 있었단다. 그것도 여자 아이들 이름으로 말이야."

"히야, 아저씨 인기가 무척 좋았나 봐요."

"흠, 그런가? 그렇지만 그 아이들이랑 매일 놀러 다니며 말썽피웠던 걸 생각하면 내가 얼마나 문제아였는지 짐작이 가지 않니?"

라이언은 큰 소리로 웃었다.

"그래도 친구가 많으셨잖아요. 저는 그것도 아니거든요."

라이언이 얼굴이 조금 어두워졌다.

"자, 그런 이야기는 그만 하고, 함께 가지 않을래?"

"네? 어딜요?"

휙, 찰리는 옆구리에 끼고 있던 농구공을 라이언에게 던졌다. 엉겁결에 농구공을 받은 라이언은 이내 씨익 웃었다. 비록 경기장에는 못 갔지만, 대신 직접 뛰며 농구를 하는 것도 나쁘지 않았다.

두 사람은 나란히 거리를 걸었다. 라이언은 까불거리며 드리블을 했다. 얼마 뒤, 농구대가 있는 공터가 보이자 라이언이 소리쳤다.

"저기 골대가 있어요. 아저씨."

"아니야. 난 좀 더 넓은 곳으로 갈 거야."

라이언은 영문도 모른 채 찰리에게 이끌려 한참을 더 걸었다. 찰리가 향한 곳은 농구 경기가 펼쳐지고 있는 경기장이었다.

"어? 아저씨 여긴……."

"사실 나도 오늘 이 경기를 꼭 보고 싶었거든. 프로 경기는 아니지만, 혹시 아니? 오늘 나왔던 선수들 중에서 누군가가 나중에 NBA 스타가 될지 말이야."

라이언은 배시시 웃으며 찰리의 뒤를 따랐다. 경기장 안은 후덥지근했지만 아저씨와 함께 소리치며 응원하고 나니 가슴이 다 시원해지는 것 같았다.

마시멜로 이야기

 "라이언, 또 텔레비전 보려고 그러니?"

"네."

라이언이 눈을 텔레비전에 둔 채 심드렁하게 대답했다. 창밖에는 어둑하니 해가 지고 있었다.

"쯧쯧, 만날 텔레비전 보고 게임하고, 너 공부하는 학생이 맞기는 한 거니?"

라이언은 소파 위에 리모컨을 던지며 퉁명스럽게 말했다.

"학생은 뭐 24시간 내내 공부만 해요?"

"24시간? 너 오늘 낮에 실컷 놀았잖아. 제발 한두 시간이라도 좀 진득하게 앉아서……."

라이언은 엄마의 말을 끊으며 소리쳤다.

"아! 그만 좀 해요!"

"아니, 저 녀석이! 엄마한테 버릇없이!"

라이언은 엄마의 목소리를 뒤로 하고 쿵쾅거리며 계단을 올라가 쾅 소리 나게 방문을 닫았다. 정말이지 엄마가 잔소리를 할 때마다 라이언의 귀에는 가시가 하나씩 날아와 꽂히는 것만 같았다. 아빠도 엄마처럼 잔소리를 하는 것은 아니었지만, 멀뚱히 텔레비전을 보고 있는 라이언을 간간이 못마땅한 표정으로 쳐다보았다.

"이 집에서 내 편이라고는 개미 한 마리 없군."

라이언은 혼잣말을 중얼거리며 책상 앞에 앉았다. 그리고 언제나처럼 컴퓨터를 켰다.

"메시지가 도착했습니다!"

메신저에 자동 접속되자마자 경쾌한 목소리가 메시지 도착을 알렸다. 알렉스가 보낸 것이었다.

'내일까지 제출해야 하는 별자리 리포트 다 썼냐? 설마 게임하느라 다 잊어버린 건 아니겠지? 친구야, 제발 낙제만은 면하자.'

순간 정신이 번쩍 들었다.

"큰일 났다. 손도 안 댔는데……."

라이언은 허겁지겁 가방을 열어 보았다. 다행히 과학 책이 있었다. 라이언은 워드 프로그램을 열어 놓고 책을 펼쳐 들었다. 이해가 잘 되지 않는 내용은 인터넷을 찾아가며 겨우겨우 리포트를 쓰기 시작했다.

"한 시간이나 붙잡고 있었는데, 아직도 1페이지야?"

라이언은 등을 뒤로 젖히며 한숨을 쉬었다. 그때였다.

"메시지가 도착했습니다!"

또다시 알림음이 울렸다. 이번엔 영화 잡지 사이트에서 온 메시지였다.

'데이비드 핀처의 신작, 내일 개봉!'

데이비드 핀처라면 라이언이 정말 좋아하는 영화감독 중 한 명이었다. 라이언은 어느새 영화 잡지 사이트에 접속해 영화 정보와 시사회 후기 등을 꼼꼼히 읽어 내려갔다. 그러고 나니 시간은 어느덧 새벽 2시를 가리키고 있었다.

"아휴, 어떡하지? 리포트 써야 되는데……."

라이언은 부랴부랴 다시 리포트를 쓰기 시작했다. 그렇지만 반도 채 쓰기 전에 라이언은 책상에 엎드린 채 잠이 들고 말았다.

다음 날, 라이언은 여느 때와 다름없이 수업시작 종과 함께 헐레벌떡 교실로 뛰어 들어왔다. 알렉스는 라이언에게 눈짓을 해보였다. 리포트를 다 썼냐고 묻는 것이었다. 나오는 건 그저 한숨뿐이었다.

"그래서 다 못 했다고?"

점심시간, 라이언과 나란히 앉아 밥을 먹던 알렉스가 눈이 휘둥그레져서 말했다.

"하려고 했어. 이번엔 정말 하려고 했는데……."

알렉스는 고개를 절레절레 저었다.

"난 네가 아침에 늦어서, 어제 리포트 쓰느라 잠 못 잔 줄 알았다."

"그러니까 아주 안 쓴 건 아니라니까. 한 절반 정도는 썼어."

"안 쓰나, 절반 쓰나, 오늘 못 내는 건 똑같아. 라이언, 내가 메시지까지 보냈는데……."

라이언은 부끄러운 마음에 알렉스의 얼굴을 똑바로 쳐다보지 못했다.

'나라는 애는 왜 이 모양이지? 도대체 제대로 하는 게 뭐야?'

생각은 꼬리에 꼬리를 물고 계속 떠올랐다. 먹고 있는 빵 조각이 목에 꽉 걸리기라도 한 것처럼 가슴이 답답했다.

일요일 아침이었다. 라이언의 가족은 교회에 가기 위해 집을 나섰다. 때마침 찰리도 대문을 열고 나서고 있었다.

"아저씨!"

라이언은 찰리를 발견하게 반갑게 손을 흔들었다. 찰리와 부모님은 가볍게 인사를 나눴다.

"아저씨는 어느 교회 다니세요?"

라이언은 찰리가 들고 있는 성경책을 보며 말했다.

"아직 정하진 않았는데, 가까운 데로 한번 가보려고 해."

"그럼 우리 교회에 같이 가세요."

"그럴까? 어차피 정해둔 데도 없는데……."

찰리는 라이언의 가족들과 함께 교회로 향했다. 가는 동안 엄마는 찰리에게 저녁 식사를 하러 한 번 들르라 말했고, 아빠도 흐뭇하게 웃으며 새 이웃을 반겼다.

예배가 끝나고, 부모님은 교회 회의가 있다며 라이언에게 먼저 집에 가 있으라고 말했다. 물론 집에서 공부하라는 당부도 잊지 않았다.

'아, 일요일조차 공부하라고 하시다니. 정말 너무해.'

라이언은 투덜대며 교회를 빠져나왔다. 그때 찰리가 웃으며 어깨를 툭 쳤다. 라이언과 찰리는 함께 집으로 걸어갔다.

"아저씬 참 좋으시겠어요."

"응? 왜?"

"독립해서 살고 있잖아요."

"하하하, 너도 얼른 독립하고 싶니?"

"당연하죠."

"난 가끔 부모님이랑 함께 살던 때가 그리운데?"

"아저씨, 그건 아저씨가 배가 불러서 그런 거예요."

"푸하하하하! 뭐라고?"

찰리는 걷다가 멈춰선 채 웃음을 터뜨렸다.

"아저씨는 몰라요. 우리 부모님은 눈 떠서부터 감을 때까지 잔소리거든요. 매일 '아이비리그, 아이비리그'를 입에 달고 사시죠."

"그건 네가 그런 기대에 부응할 만한 아이라고 생각하셔서 그러는 것 아닐까?"

"그건 아닐 걸요. '우리 라이언도 아이비리그에 가야 할텐데…….' 그러시다가 바로 이어지는 말이 '됐다. 네가 무슨, 아무 대학이라도 가기만 하면 고맙지.' 그러세요."

라이언이 중얼거리듯 하는 말을 찰리는 꽤 심각한 표정으로 듣고 있었다.

"기운이 많이 빠지겠구나."

"아뇨. 아예 아이비리그 같은 데는 생각도 안 해봤기 때문에 기운 빠지고 뭐고 없어요. 그거 있잖아요. 완. 전. 포. 기."

찰리는 걱정스런 표정으로 라이언을 내려다보았다.

"성적이 많이 나쁘니? 꼴찌를 도맡아 할 정도로?"

"그 정도는 아니지만 좋은 대학에 가려면 어림도 없어요."

"절대 그렇지 않아. 넌 아직 공부할 시간이 3년이나 더 남았잖니?"

"사실 전 공부가 정말로 재미없어요. 3년 아니라 10년이 남았다고 해도 그 생각은 영원히 바뀌지 않을 거예요."

"아니 왜 그렇게 생각하니? 그렇지 않은 사람이 여기 있다는 걸 보여주고 있는데?"

찰리는 자신을 손가락으로 가리키며 말했다.

"아저씨는 저 같은 경우가 아니잖아요."

"네가 도대체 어떤 경우인데?"

라이언은 길게 한숨을 쉬었다.

"저도 초등학교 땐 정말 학교도 재미있게 다니고, 숙제도 꼬박꼬박 하고, 친구들하고도 잘 어울려 놀고 그랬어요. 그 땐 부모님 속도 안 썩혀드렸고……."

"그럼 대체 무엇 때문에 공부가 그렇게 싫어진 거니?"

"아팠어요. 5학년 때, 친구와 싸우다가 뒤로 넘어져서 팔이 부러진 적이 있어요. 그 일로 한 달 정도 결석을 했고요."

"그럼 그 뒤로 공부가 싫어진 거니?"

"그런 셈이에요. 한 달 정도 학교에 안 가다 갔더니 선생님 말씀이 암호처럼 들리던데요? 게다가……."

"게다가, 뭐?"

"친구랑 싸웠다고 했잖아요? 그 친구가 저한테 미안하다고 사과해놓고 엄청 억울했었나 봐요. 동네방네 어찌나 나쁜 소문들을 내놨는지, 학교에 다시 갔더니 전에 친했던 친구들도 말 한 마디 없더라고요. 그리고 조금은 날 문제아처럼 취급하는 어른들도 있었고요."

"저런……."

"뭐 그렇게 됐어요. 그 뒤로는 실수만 조금 해도 다들 날 무시하는 것 같고, 학교도 재미없고 공부도 재미없고……. 그러다 보니 집에서 계속 게임만 하게 되고……."

"그런 일이 있었구나."

찰리는 안쓰러운 표정으로 라이언을 쳐다보았다. 라이언은 얼른 굳은 표정을 풀며 큰소리로 말했다.

"에이, 분위기 왜 이래요? 이게 다 공부 이야기 때문이잖아요."

라이언이 찰리를 살짝 노려보며 말했다.

"하하하, 그랬나?"

찰리는 멋쩍은 듯 웃었다.

"그렇지만 그런 일이 있었다고 해도 다시 열심히 공부해야겠다는 생각을 할 수도 있지 않았을까?"

"그게 되는 애들도 있겠죠. 그런데 전 아니던데요?"

라이언의 마치 남 이야기하듯 무심하게 말했다.

"물론 저도 알아요. 공부를 해야 한다는 것 말이에요. 그리고 공부 잘하는 애들도 그게 재미있어서 하는 건 아니라는 것도요."

"그렇다면 그 아이들이 재미도 없는 공부를 그렇게 열심히 하는 이유는 도대체 뭘까?"

"좋은 대학 가려고요."

"좋은 대학은 왜 가고?"

라이언은 자리에 서서 찰리의 얼굴을 물끄러미 쳐다보았다.

"당연히 좋은 직장에 가서 남들보다 더 잘 살고 싶어서겠지요."

"흠, 그럼 너는 좋은 직장에 가서 남들보다 더 잘 살고 싶은 생각이 없니?"

"에이, 저는 직장 다니고 뭐 그런 것보다 더 신나는 일을 하고 싶어요."

"어떤 일인데?"

라이언은 잠깐 동안 생각하다가 입술을 꾹 깨물며 말했다.

"그건, 말씀드릴 수 없어요."

"왜?"

"아무에게도 말한 적 없어요. 부모님에게도, 친구들에게도……."

"난 부모님도 아니고 친구도 아니니까 말할 수 있지 않니?"

"어휴, 부모님이랑 친구한테도 못한 말을 어떻게 아저씨한테 할 수 있겠어요?"

"그런가? 좋아. 그렇다면 그 이야기는 나중에 듣도록 하지, 뭐. 그런데 네가 하고 싶다는 그 일이 고등학교만 졸업해도 할 수 있는 일이니?"

라이언은 고개를 저었다.

"그러니까 고민이죠. 꼭 하고 싶은 일이 있는데, 그걸 하려면 대학에서 그 분야를 전공하는 편이 좋을 것 같고, 그러기에 내 성적은 너무 형편없는데, 그렇다고 하고 싶은 일을 포기하고 싶지는 않고……."

라이언은 긴 한숨을 내쉬었다.

찰리는 라이언을 향해 밝게 웃어 보였다. 그리고 곧 어깨를 도닥이며 말했다.

"라이언, 너무 걱정하지 마."

라이언도 찰리를 향해 웃어 보였다. 그렇지만 도무지 기운이 나지 않는 건 어쩔 수 없었다.

다음 날은 최악의 하루였다. 게임을 하다 새벽에 잠이 든 라이언은 지각을 했고, 아이들 앞에서 수학 선생님께 망신을 당했다. 작문 시간에는 졸다가 수업 태도가 불량하다고 벌점을 받았다. 학교 수업 후 첼로 레슨을 마친 라이언은 터덜터덜 집을 향해 걸어갔다.

"왜 난 되는 일이 하나도 없을까?"

공원을 지나던 라이언은 찰리를 발견했다. 찰리는 혼자서 농구대와 씨름을 하고 있었다. 라이언은 땀이라도 힘껏 흘리면서 골치 아픈 일을 잊고 싶었다. 라이언은 다짜고짜 찰리에게 달려가 공을 빼앗아 골대를 향해 던졌다.

"앗싸! 골!"

라이언이 손을 흔들며 찰리를 쳐다보았다. 찰리는 바닥에 주저앉은 채 라이언을 쳐다보고 있었다.

"아저씨, 안 해요?"

"응 난 지금 한 시간 째 혼자 뛰었어. 힘들어."

라이언은 찰리의 옆으로 가서 앉았다.

"오늘 학교는 재미있었니?"

"그냥 그랬어요. 오늘도 지각했거든요. 알렉스 녀석이 저보고 자꾸만 지각해서 아이들이 절 싫어한다고 하더라고요. 그래서 기분 망쳤어요."

"그러면 지각하는 습관을 고쳐야지."

"그렇지만 매일 눈 뜨면 그 시간인 걸 어떡해요?"

"알람 시계를 맞춰두면 되잖아."

"알람 듣고도 끄고 또 자요. 소리를 아예 못 듣고 계속 잘 때도 있고요."

"심각하구나."

"그렇죠?"

"알람 소리를 못 듣는 게 심각하다는 말이 아니라, 네 마음가짐이 심각하다는 뜻이야."

"네?"

찰리는 고개를 돌려 깜짝 놀란 표정의 라이언을 똑바로 쳐다보았다.

"라이언, 너 아저씨 이야기 좀 들어 볼래?"

"예? 무슨 이야기인데요?"

"내 인생을 바꿔놓은 이야기지."

라이언은 호기심에 귀를 쫑긋 세웠다. 찰리는 라이언을 벤치로 데려가 이야기를 시작했다.

"예전에 말이야, 한 연구소에서 네 살 정도 된 어린 아이들을 대상으로 실험을 했어."

"어린이들을 대상으로요? 좀 끔찍한데요?"

"아, 네가 생각하는 그런 과학 실험 같은 건 아니니까 걱정하지 않아도 돼. 어떤 실험이었냐면 말이야, 아이들을 각각 방으로 들어가게 한 뒤 마시멜로를 하나씩 갖다준 거야."

"마시멜로라고요? 흠, 맛있었겠다."

"그래. 아이들은 모두 마시멜로를 아주 좋아했어. 그런데 말이야, 문제는 마시멜로를 먹으라고 갖다준 게 아니었다는 거야."

"그럼요?"

"연구원들은 마시멜로를 아이들에게 하나씩 나누어 주면서 15분 동안 이 마시멜로를 먹지 않고 잘 참으면 상으로 또 하나의 마시멜로를 주겠다고 했어."

"앗, 그렇다면 저는 당연히 15분을 기다렸다가 두 개를 먹겠어요."

"앞에서 내가 이야기하지 않았니? 네 살 정도 되는 어린 아이들이었다고."

"아, 그럼 좀 힘들었겠다. 어린 아이들은 원래 잘 참지 못하잖아요. 아마도 모두 먹어버렸을 것 같은데요?"

"그건 아니었어. 먹은 아이들도 있었고, 잘 참은 아이들도 있었지."

"거기에서 끝이에요?"

"그럴 리가 있겠니? 연구소에서는 이 실험을 하고 14년이 지난 뒤에 그때 실험에 참가했던 아이들을 찾아보았어. 그리고 아이의 부모들에게 아이들의 재능과 장점에 관한 설문 조사를 했지. 그 결과…….”

“잘 참은 아이들이 더 잘 자랐다는 건가요?”

“그래. 잘 참은 아이들은 그렇지 못한 아이들에 비해서 학업 성적이나 스트레스를 관리하는 능력이 뛰어났을 뿐 아니라 친구들과의 관계도 원만한 것으로 밝혀졌단다.”

“에이…….”

라이언의 입에서는 바람 빠지는 소리가 났다.

“뭐가 에이야?”

“그 이야기는 결국 뛰어난 아이는 떡잎부터 알아볼 수 있다는 말씀이잖아요.”

“내 이야기를 단단히 오해했구나.”

찰리는 손을 휘휘 내저었다.

“라이언, 마시멜로를 먹을 것인가, 아니면 15분 동안 참을 것인가를 선택하는 건 순간적으로 판단해야 하는 일이야. 겨우 그 행동 하나로 선천적인 재능을 판가름할 수는 없잖니?”

라이언은 고개를 끄덕였다.

“그런데 이렇게 어느 순간에 자기에게 다가오는 유혹을 견디면 더 큰 것을 얻을 수 있다는 것을 알게 되면, 그 다음부터는 그 어떤 유혹도 견디기가 훨씬 쉬워지는 거야. 그렇게 시간이 흐르다 보면 그 아이는 어떤 면으로든 더 큰 것을 얻어내게 되는 거지."

라이언은 또다시 고개를 끄덕였다.

"자, 이제 내 말이 무슨 뜻인지 알겠니?"

"아저씨 말씀은 잘 알겠는데요, 그 이야기를 굳이 저에게 해주시는 이유가 뭐예요?"

라이언은 심드렁하게 농구공을 이리저리 굴리며 물었다.

"라이언, 지금 너를 유혹하는 게 뭐니?"

라이언은 곰곰이 생각해 보았다. 그렇지만 도무지 떠오르는 게 없었다.

"좋아. 한 가지 힌트를 주지. 넌 당장 내일 아침 학교에 가야 하는 걸 알면서도 늦게 잠자리에 들지? 새벽 2시가 넘어서까지 불이 켜져 있는 날들이 많더라. 만약 그 시간까지 공부를 한다면 성적이 아주 뛰어나야 할 텐데, 그건 아니라고 하고……. 그렇다면 그 시간까지 뭘 하는 거지?"

라이언은 쉽게 대답하지 못했다. 새벽 2시까지 안 자고 있는 날이라면 분명 게임을 하고 있던 게 분명했다.

"뭐, 대답하기 곤란하다면 안 해도 상관없어. 다만 네가 어떤 유혹 때문에 그 시간까지 잠을 못 자고 있는지 스스로 생각을 해보라는 뜻이야. 알겠니?"

라이언은 그제야 천천히 고개를 끄덕였다.

"자, 그러면 한 게임 해야지!"

찰리는 라이언의 손에서 공을 빼앗아 골대로 향했다. 라이언도 재빨리 따라갔다. 둘은 공을 주거니 받거니 하며 한참 동안 농구에 열을 올렸다.

그날 저녁, 저녁 식사를 끝낸 라이언은 방으로 들어가 책상 앞에 앉았다. 찰리와 헤어져 집으로 오는 동안, 저녁 식사를 하는 동안에도 라이언의 머릿속에서는 마시멜로 이야기가 떠나질 않았다.

'하나를 참으면 두 개가 온다? 지금 나에게 다가오는 유혹을 참으면 더 큰 것을 얻을 수 있다고? 정말 그럴까?'

라이언은 그날 저녁 내내 자신이 뿌리치지 못했던 유혹이 무엇인지 곰곰이 생각해 보았다.

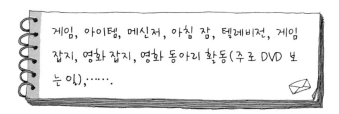

게임, 아이템, 메신저, 아침 잠, 텔레비전, 게임 잡지, 영화 잡지, 영화 동아리 활동(주로 DVD 보는 일), ······.

이 모든 게 라이언에게 매일 닥쳐오는 유혹들이었다.

"아, 많기도 하다."

라이언은 기지개를 쭉 켜며 혼잣말로 중얼거렸다. 그렇지만 아직은 모든 것이 머리에서만 맴돌 뿐, 무엇을 어떻게 해야 할지 알 수 없었다.

눈앞의 유혹을 이겨내라

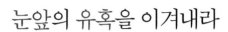 또 일주일이 훌쩍 지나가고 토요일이 되었다. 지난번 공원에서 만난 이후, 찰리와는 이야기를 나누지 못했다. 간혹 아침이면 체조를 하려고 마당에 나와 있는 걸 봤지만, 그때마다 라이언은 헐레벌떡 뛰어나가느라 인사도 제대로 하지 못했다.

오늘은 알렉스 집에서 함께 게임하기로 약속했다. 라이언은 허겁지겁 점심을 먹고 알렉스 집으로 달려갔다.

"어? 엄마 안 계셔?"

라이언은 집안으로 들어서며 물었다.

"아, 오늘 좀 바쁘셔서……. 아까 가게 가셨어."

"히히, 그러면 우리 하루 종일 게임해도 되겠네."

라이언은 얼른 알렉스의 방으로 들어가 컴퓨터부터 켰다. 라이언이 알렉스의 컴퓨터를 들여다보는 동안 알렉스는 감자 칩과 오렌지 주스를 들고 들어왔다.

"알렉스, 얼른 게임하자."

"좋아, 시작하자!"

알렉스와 라이언은 모니터로 빨려 들어갈 듯 게임을 했다. 하지만 30분도 되지 않아 라이언은 뒤로 벌렁 나앉았다.

"알렉스, 게임 단장 좀 해라. 아이템도 사고 얘 옷도 좀 멋진 걸로 입히고……."

라이언은 툴툴대며 감자 칩을 먹기 시작했다.

"그런 거 없어도 충분히 할 수 있는데 뭘."

"재미가 없으니까 그렇지. 야, 용돈 받아서 어디에 쓰냐? 이럴 때 쓰는 거지."

"그렇게 돈을 막 쓰다간 우리 부모님이 일주일에 8일 동안 일하셔야 할 걸."

"일주일에 8일? 크크크."

라이언은 웃었지만, 아이템을 살 때마다 한편으로 부모님께 미안한 마음이 드는 건 사실이었다.

"난 나한테 꼭 필요한 물건이 아니면 돈 주고 안 사."

알렉스가 주스를 마시며 말했다.

"왜?"

"아깝잖아."

"야, 그렇게 찌질하게 살고 싶냐?"

"글쎄, 그게 찌질하다고 생각하지 않는데?"

알렉스가 아무렇지도 않게 툭 던진 말에 라이언은 뜨끔했다.

둘은 다시 게임을 시작했지만 라이언은 집중이 되지 않았다.

라이언은 알렉스와 나누었던 이야기를 떠올리며 컴퓨터 모니터를 노려보았다. 현란한 아이콘들이 바탕 화면에 잔뜩 깔려 있었다. 게임도 하지 않고 이렇게 뚫어져라 모니터만 쳐다본 적은 아마 처음인 듯싶었다.

'도대체 나는 왜 게임을 하는 거지? 또 아이템은 왜 이렇게 열심히 사 모으는 거지?'

라이언은 이런 질문들을 자신에게 던져놓고는 멍하니 앉아 있었다. 사실 답은 뻔했다. 그냥 재미있으니까, 그리고 폼 나니까.

이런 생각을 하다 보니 라이언의 입에서는 자신도 모르게 한숨이 새어나왔다. 라이언도 잘 알고 있었다. 게임하는 시간에 공부를 하면 훨씬 더 성적이 좋은 학생이 될 수 있다는 것을. 아이템을 사고 아바타에게 옷을 갈아입히는 용돈을 아낀다면 다른 유용한 것을 사는 데 더 많은 용돈을 쓸 수 있다는 것도. 그렇지만 그런 일들은 정말이지 재미가 없었고, 그래서 지금까지는 너무나 당연하게 '재미없는 일' 보다는 '재미있는 일' 을 선택했었다.

'내가 지금까지 무슨 생각을 했던 거야? 도대체 게임이, 아이템이 나한테 뭘 가져다줄 수 있다고…….'

라이언은 연신 한숨을 쉬며 괜히 책상을 툭툭 쳐댔다. 그러다 컴퓨터 화면이 눈에 들어 왔다.

'그렇지만 이걸 어떻게 한순간에 딱 잘라버리지? 아, 아무래도 난 못할 것 같아.'

마음으로는 수십 번도 넘게 게임을 삭제했지만, 막상 마우스를 쥔 손은 아무것도 하지 못했다.

돌아온 일요일, 교회에서 예배를 마친 라이언은 찰리는 함께 집으로 걸어갔다. 라이언은 시무룩하게 입을 열었다.

"아저씨, 전 아무래도 안 되는 애인가 봐요."

"왜?"

찰리는 놀란 눈으로 라이언을 쳐다보았다.

"그걸 하지 말아야 한다는 건 저도 알아요. 그런데 결국은 하게 돼요. 그걸 할 때는 잠깐 즐겁지만, 끝나고 나면 스스로 한심하단 생각밖에 안 들고, 죄책감도 들고……."

"꼭 수수께끼 같구나. 도대체 뭘 말하는 거니?"

"게임이요."

라이언은 땅이 꺼지게 한숨을 쉬었다.

"게임의 유혹을 뿌리치면 저에게 더 좋을 거라는 걸 알면 서도, 막상 게임을 지우려고 하면 도저히 못하겠어요."

찰리는 살짝 미소를 띤 얼굴로 라이언의 어깨에 손을 올리며 말했다.

"라이언, 뭘 그렇게 고민하니? 이제 겨우 시작인데."

"이제 시작이라고요?"

"그래. 넌 지금까지 아무 거부감도 없이 게임에 몰두했었 지만 이젠 깨달았잖아?"

"그러면 뭘 해요. 지우지도 못하는데……."

"괜찮아. 어떤 사람이든 마찬가지야. 자기가 좋아하는 일을 어떻게 한순간에 딱 자를 수 있겠니?"

라이언은 고개를 숙였다. 찰리는 라이언을 보며 무언가를 골똘히 생각하더니, 자신을 따라오라며 큰 길로 발길을 돌렸다.

얼마 뒤, 그들이 도착한 곳은 대형 마트였다. 찰리는 그곳에서 마시멜로를 한 봉지 사서 라이언에게 건넸다.

"아저씨, 지금 저한테 이걸 먹으라고 주시는 건 아니죠?"

라이언은 찰리의 행동에 웃음이 나왔다.

"당연하지. 자, 봉지에 마시멜로가 몇 개나 들어 있니?"

라이언은 봉지에 적힌 글자들을 천천히 읽다 말했다.

"아, 여기 있다. 30개요."

"그래, 30개라……. 라이언, 내가 지난번에 들려줬던 이야기 기억나니?"

"마시멜로 이야기요? 한 번의 유혹을 이겨내면 더 많은 것을 얻을 수 있다는……."

"그렇지. 모르긴 해도 앞으로 너에게 닥칠 유혹들은 이 봉지 안에 들어 있는 마시멜로보다 훨씬 많을 거다. 그렇게 하나씩 유혹들이 닥쳐올 때마다 마시멜로를 보면서 그 이야기를 기억해줬으면 좋겠어. 무슨 이야기든 머릿속에만 담아두다 보면 잊게 마련이거든."

"헤헤헤, 그러다 이걸 다 먹어 치워버리면 어떡하죠?"

"글쎄, 그거야 나도 알 수 없지."

찰리는 어깨를 으쓱해 보였다.

집으로 돌아온 라이언은 마시멜로 봉지와 꺼져 있는 모니터를 번갈아 노려보았다.

'마시멜로와 게임이라……'

라이언은 잠깐 망설이다 컴퓨터의 전원을 켰다. 그리고 게임 아이콘이 눈에 들어오기 전에, 영화 잡지의 사이트에 접속했다.

"후, 오늘은 되네."

어제까지만 해도 방학 동안에 실시하는 영화 캠프 신청서 때문에 아이들이 몰려들어 사이트가 마비되어 있었다. 라이언은 '청소년을 위한 영화 캠프' 참가 신청서를 작성해서 접수했다.

"올해는 꼭 돼야 할 텐데……"

작년에도 라이언은 영화 캠프에 가기 위해 신청을 했었지만, 경쟁률이 너무 치열한 바람에 그만 떨어지고 말았다. 그래서 올해만큼은 꼭 가고 싶었다. 물론, 부모님께 허락을 받을 수 있을지는 미지수였다.

신청을 마친 뒤, 라이언은 화면을 차지하고 있는 게임 아이콘들을 하나씩 살펴보았다.

'눈 딱 감고 두 개만 지우자. 그런데 뭐부터 지우지?'

라이언은 수많은 게임들 중에서 가장 재미있는 게임부터 지워야 할지, 아니면 재미없는 게임부터 지워야 할지 고민하기 시작했다. 재미없는 게임부터 지우면 다른 재미있는 게임을 하느라 또 정신을 못 차릴 것 같았고, 재미있는 게임부터 지우자니 너무 아까운 생각이 들었기 때문이었다.

라이언은 두 눈을 꼭 감았다.

'그래, 어차피 지우기로 한 거잖아. 굳게 맘을 먹고……'

라이언은 가장 좋아하던 게임 두 개를 골라 삭제해 버렸다. 시원하면서도 동시에 섭섭한 느낌이 라이언의 가슴을 파고들었다.

'잘한 거야.'

라이언은 곧장 마시멜로 봉지를 쳐다보았다.

'이제 한 개의 마시멜로를 참았으니까, 조금만 기다리면

두 개, 아니 수십 개의 마시멜로를 먹을 수 있을 거야.'

　솔직히 자신은 없었지만, 라이언은 주문을 걸 듯 되뇌며
자신의 결심을 다지기로 했다.

나를 발전시키는 기쁨을 누려라

 다음 날 아침, 라이언은 평소보다 30분 일찍 자리에서 일어났다. 그러자 집에서는 작은 소란이 벌어졌다.

"라이언, 너 우리 아들 라이언이 맞는 거냐?"

"생긴 걸 보니 분명 라이언이 맞는데?"

거실 소파에 앉아 있던 아빠도, 식사 준비를 하던 엄마도 놀라며 말했다. 욕실로 들어온 라이언은 거울에 비친 자신의 모습을 보며 빙긋이 미소를 지어보았다.

신선한 우유 한 잔과 갓 구운 핫케이크로 든든히 배를 채운 라이언은 느긋하게 밖으로 나왔다. 옆집에선 찰리가 커다란 가방을 메고 현관문을 잠그고 있었다.

"아저씨, 어디 가세요?"

"아니, 네가 이렇게 이른 시간에 웬일이냐?"

"그게, 그럴 일이 있어요."

라이언은 머리를 긁적이며 머쓱하게 웃었다.

"난 지금 도서관에 가는 길이야."

"이렇게 이른 아침에요?"

"아침 시간이 가장 머리가 맑거든. 너도 빨리 학교에 가서 맑은 정신으로 공부 잘 하고 와야지."

"헤헤헤, 그럼 잘 다녀오세요."

라이언은 인사를 하고 학교로 향했다. 뛰지 않고 학교를 가본 것이 얼마 만인지……. 그러고 보니 학교까지 걸어가는 내내 공기가 참 상쾌하다는 생각이 처음으로 들었다.

교실 문을 열고 들어서니 아이들이 일제히 라이언을 쳐다 보았다.

"우와, 라이언! 너 웬일이야?"

"내가 학교 다니면서 라이언이 이 시간에 오는 건 처음 보는 것 같은데?"

아이들은 저마다 한 마디씩 던졌다. 라이언은 씩 웃으며 자리에 앉았다.

'쳇, 조금만 기다려라. 이제 지각쟁이 라이언을 너희들 머릿속에서 지워주마.'

라이언은 아무렇지도 않게 자리에 앉아 책을 펼쳐들었지만, 가슴은 묘하게 뛰었다.

집으로 돌아온 라이언은 2층 방으로 올라와 컴퓨터부터 켰다. 눈에 익숙한 바탕 화면이 펼쳐지자 라이언은 그때서야 '아차' 싶었다. 원래 게임할 생각은 없었다. 그저 습관이었다. 화장실에서 나올 때 손을 닦는 것처럼, 방에 오자마자 컴퓨터를 켜는 것은 라이언에겐 자연스런 행동이었다.

'이왕 켠 김에 딱 한 게임만 할까?'

라이언은 침을 꼴깍 삼키며 마우스에 손을 올렸다. 그러다 찰리가 사준 마시멜로 봉지가 눈에 들어왔다. 순간, 라이언은 마시멜로 실험에 참가한 아이가 된 기분이 들었다. 15분만 참으면 마시멜로를 두 개 얻을 수 있지만, 생각이 짧은 아이들은 대부분 눈앞의 마시멜로의 유혹에 넘어가고 말았다. 곰곰이 생각해보니 게임도 그와 다르지 않았다. 라이언은 갑자기 소름이 돋았다.

'라이언, 정신 차려. 넌 마시멜로를 덥석 집은 꼬맹이하고 똑같아. 아니, 더 바보야. 넌 네 살이 아니라 열여섯 살이잖아!'

라이언은 재빨리 컴퓨터를 껐다.

"휴우."

안도의 한숨을 내쉰 라이언은 가방에서 수학 책을 꺼내 책상에 올려놓았다. 내일까지는 수학 숙제를 해 가야만 했다.

라이언은 한 시간 동안 수학 공식들과 씨름을 했다. 하지만 진도는 나가지 않았다.

"어휴, 무슨 말인지 하나도 모르겠네."

라이언의 얼굴에 근심이 가득했다. 라이언은 답답한 마음에 창문을 열었다. 창 밖에 찰리의 집이 보였다.

"그래, 찰리 아저씨한테 도와달라고 하자."

라이언은 가방을 챙겨 밖으로 뛰어가 옆집의 벨을 눌렀다.

"라이언, 우리 오늘은 자주 만나는구나."

찰리는 라이언에게 들어오라는 손짓을 했다. 라이언은 거실 소파에 앉아 과제물부터 내놓았다.

"그러니까, 지금 수학 숙제를 도와달라고 날 찾아왔다는 거지?"

찰리는 책과 참고서를 훑어보며 말했다. 찰리가 어떤 대답도 하지 않고 책만 보는 동안 라이언의 마음은 조급해져만 갔다.

"아저씨, 내일까지 꼭 해야 하는 거예요. 제가 지금까지 성적이 얼마나 떨어졌는지 모르시죠? 이것마저 해 가지 못하면 낙제라고요."

"이런, 마치 협박처럼 들리는구나."

"아, 아니요. 그런 건 아니고요……."

찰리는 책을 모두 살펴본 뒤 '탁' 소리 나게 테이블에 내려놓았다.

"라이언, 이번 과제는 내가 도와주도록 하지. 하지만 이번이 마지막이다."

"우와! 아저씨, 정말 고마워요!"

찰리는 노트와 펜을 가지고 나와서 라이언이 알기 쉽게 설명을 덧붙이며 문제를 하나씩 풀어 나갔다. 라이언은 그런 찰리의 실력이 그저 놀라울 뿐이었다.

"휴우, 겨우 다 했네."

찰리는 책을 소리 나게 덮고 라이언에게 건네주었다.

"다시 한 번 말하지만 정말 이번이 마지막이야."

"아저씨도 참, 냉정하기도 하시지."

"이 녀석아, 공부는 스스로 하는 거지 누가 도와준다고 할 수 있는 게 아니야."

"그렇지만 아저씨, 학원에서 여럿이 배우는 것보다 개인 교습 선생님이 가르쳐줄 때 더 실력이 빨리 늘잖아요. 그런 것처럼 공부도 누가 도와주면 더 잘 할 수 있는 것 아녜요?"

찰리는 고개를 절레절레 저었다.

"그건 환경의 차이일 뿐이야. 여럿이 공부하는 환경이라면 아무래도 선생님 말씀에 집중하기가 쉽지 않고 산만해지겠지. 그렇지만 선생님이 바로 옆에서 쳐다보고 있으면 어쩔 수 없어서라도 더 집중이 쉬울 것 아니겠니?"

라이언은 고개를 끄덕였다.

"바꾸어서 말하면, 집중만 잘 할 수 있다면 공부를 도와줄 사람이 꼭 필요한 건 아니라는 뜻이지. 곧 모든 일은 마음먹기에 달렸다고나 할까?"

"에이, 그렇게 뻔한 말씀을……."

라이언은 입술을 삐죽이 내밀었다.

"하하, '뻔한 말씀'도 다 필요한 거란다."

"그런데요 아저씨, 아저씨는 학교 다닐 땐 말썽 피우는 학생이었다면서요? 그럼 학교 다닐 땐 이런 문제들을 지금처럼 잘 풀진 못하셨을 것 아니에요? 다시 공부를 시작하면서 기본이 부족한 게 문제가 되지는 않으셨어요?"

"어쩨 네 얘기를 하는 것 같다?"

"맞아요. 저는 솔직히 이제 공부를 하려고 해도 의욕이 안 생겨요. 아예 처음부터 모르니까 그냥 자꾸만 포기하게 되거든요."

라이언의 말에 찰리는 고개를 끄덕였다.

"그래, 네 말이 맞아. 라이언, 지금부터 내가 들려주는 이야기를 잘 들어볼래?"

라이언은 자세를 바로잡고 귀를 기울였다.

 ## 사자와 가젤

아프리카에서는 매일 아침 가젤이 잠에서 깬다.

가젤은 가장 빠른 사자보다 더 빨리 달리지 않으면 죽는다는 사실을 알고 있다.

그래서 그는 자신의 온 힘을 다해 달린다.

아프리카에서는 매일 아침 사자가 잠에서 깬다.

사자는 가젤을 앞지르지 못하면 굶어 죽는다는 사실을 알고 있다.

그래서 그는 자신의 온 힘을 다해 달린다.

네가 사자이든, 가젤이든 마찬가지다.

해가 떠오르면 달려야 한다.

"너무 멋있는 이야기예요."

라이언은 마치 시를 한 편 읽은 듯 감동했다.

"라이언, 이 이야기는 내가 책상에 앉았을 때 가장 잘 보이는 곳에 붙여둔 거야. 내가 여기까지 오도록 하는 데 바탕이 된 이야기이기도 하지."

"그런데 이 이야기를 저에게 들려주시는 이유는 뭐예요?"

찰리는 한 번 심호흡을 한 뒤 목소리를 가다듬고 말했다.

"난 내가 사자일 수도, 가젤일 수도 있다고 생각하거든. 어떤 사람들이든 자신이 속한 사회에서 끊임없이 경쟁해야 하는 건 마찬가지니까 말이야."

라이언은 고개를 끄덕였다.

"세상에는 사자와 같은 사람도 있고, 가젤과 같은 사람도 있고, 얼룩말 같은 사람도 있을 테고, 물소 같은 사람도 있을 테지. 중요한 건 내가 그중 어떤 사람이든 계속해서 달려야 한다는 거야. 가만히 앉아 노닥거리다간 뒷사람에게 따라잡힐 게 분명하거든. 물론 그 사람이 정말로 날 잡아먹진 않겠지만 말이야, 하하하."

"잡아먹히진 않겠지만, 자신에게 실망하겠지요. 저도 저보다 못하던 친구가 성적으로 절 따라잡았을 때 정말 기분이 최악이었거든요."

찰리의 호탕한 웃음소리와는 달리 라이언의 얼굴은 금세 어두워져 있었다.

"대신 그 친구는 정말 기분이 좋았겠지? 난 그걸 즐겼어. 네가 아까 기본이 부족한 것 때문에 힘들지 않았냐고 물었지? 물론 나도 많이 힘들었어. 그렇지만 이전에는 모르던 이론이나 공식을 열심히 공부하며 하나씩 터득했을 때, 그렇게 해서 결국 고등학교 때 나보다 공부를 잘했던 친구들도 들어가지 못했던 대학에 척 합격했을 때는 정말 기분이 최고였단다."

"정말 그랬을 것 같아요."

"뭐, 세상이 온통 치열한 경쟁이라고 생각하면 무척 삭막하기는 하지만, 그걸 기분 좋게 즐기는 것도 능력이라고 생각해. 사자와 가젤의 입장을 한번 생각해 보렴. 사자는 숨이 턱에 닿을 정도로 고통스럽게 뛰어야 겨우 가젤을 따라잡을 테지만, 그 이후엔 엄청난 성취감을 느끼며 사냥의 즐거움을 맛볼 수 있지 않겠니? 가젤도 마찬가지로 사자를 피해 뛸 때는 큰 고통을 느끼지만, 하루 종일 뛰고 난 뒤 사자에게 잡히지 않았을 때, 정말 꿀맛 같은 단잠을 잘 수 있잖아."

"무슨 말씀인지 알 것 같아요. 고통스러운 노력이 없이 이루어지는 일은 아무것도 없다는 말씀이지요?"

찰리는 고개를 끄덕였다.

그날 집으로 돌아온 라이언은 또다시 생각에 잠겼다. 친구들이 사자처럼 뒤에서 달려올 때 도대체 자신은 뭘 하고 있었는지……. 아무리 생각해 봐도 제대로 한 것이 없었다.

'이젠 내가 사자처럼 뛰어서 그 친구들을 따라잡아야 할 때야. 어렵게 생각하지 말고 처음부터 차근차근, 또 누구보다 열심히 뛴다면 못 따라잡을 것 없어.'

라이언은 찰리에게 들었던 '사자와 가젤' 이야기를 조심스럽게 노트에 옮겨 적었다. 그리고 그것을 오려 책상 앞에 붙여두었다.

"자, 이제 달리기를 한번 해봐야지."

라이언은 크게 심호흡을 했다.

1달러의 소중함을 기억하라

라이언은 다음 날도 일찍 일어나 여유 있게 아침 식사까지 하고 집을 나섰다. 수업이 시작되기 30분 전부터 자리에 앉아 있었다. 곧 시작할 수업의 책을 펼치고 있는데 알렉스가 다가왔다.

"라이언! 이번 과제 좀 어렵지 않았냐? 문제도 풀고, 풀이 과정에 대한 설명까지 모두 하라고 그랬잖아."

"너 내가 숙제 안 해왔을 거라고 생각하고 묻는 거지?"

"너 어디서 독심술 배워왔냐?"

라이언은 목에 힘을 주며 말했다.

"미안하지만 네 생각이 틀렸다. 난 숙제를 했거든."

"헉! 진짜로 했어? 네 힘으로?"

라이언은 들고 있던 펜을 빙빙 돌리며 말했다.

"내 힘은 아니고, 누가 도와줬어."

"누가?"

"옆집 아저씨가."

처음에 알렉스는 믿을 수 없다는 표정을 지었지만, 라이언의 진지한 표정에 고개를 끄덕였다.

"넌 좋겠다, 도와줄 사람도 있고. 난 어제 이거 혼자서 하느라고 죽는 줄 알았는데."

라이언은 입가에 미소를 띠었다. 사실은 과제 말고도 더 많은 것을 도와준다고 말하고 싶었지만, 그건 그냥 비밀로 하기로 했다.

수업시작 종이 울리자 아이들은 제자리에 앉았다. 그리고 얼마 뒤, 곧 교실 문이 벌컥 열리더니 크리스가 뛰어 들어와 슬라이딩하듯 자리에 앉았다. 아이들의 시선은 크리스에게 집중되었다. 라이언도 크리스를 쳐다보았다.

'나도 저랬을까?'

라이언의 마음이 묘하게 요동치고 있었다. 지각 따위 아무것도 아닌 일이라고, 남들에게 피해만 안 주면 된다고 생각

했었다. 그래서 자신을 쳐다보고 수군거리는 아이들을 이해
하지 못했는데, 막상 헐레벌떡 교실로 뛰어 들어오는 크리스
의 모습을 보니 좀 한심해 보였다.

"휴우."

라이언은 혼자서 한숨을 내쉬었다. 그동안 아이들이 어떻
게 생각했을까 짐작해 보니 마음이 더욱 착잡했다. 그러나
곧 라이언은 입술을 꾹 깨물며 생각했다.

'그래. 이제부터가 중요한 거지, 뭐.'

그렇게 하루가 갔다. 오늘은 첼로 레슨도 없는 날이라 일
찌감치 집으로 향했다. 마당으로 막 들어서는데 찰리가 큰
가방을 메고 양 팔 가득 책을 안은 채 현관문을 잠그고 있
었다.

"아저씨, 제가 도와드릴까요?"

라이언은 옆집 마당으로 뛰어 들어가 찰리 대신 문을 잠
갔다.

"지금 학교에서 오는 거니?"

"예, 오늘은 첼로 레슨이 없어서 일찍 왔어요. 그나저나

수학 숙제 도와주셔서 고마워요."

찰리는 고개를 끄덕이더니 의뭉스럽게 말했다.

"라이언, 이번엔 네가 나 좀 도와줄래?"

"예? 제가 어떻게요?"

"음, 내가 요즘 인물 파일을 좀 만들고 있거든. 그런데 네가 도와주면 좋을 것 같아."

"제가 뭘 도와드려야 하는데요?"

"간단해. 도서관에 가서 잡지를 보든, 신문을 보든, 아님 네가 좋아하는 인터넷으로 검색을 하든지 해서 어떤 인물의 생각이나 행동, 의미 있는 업적 등에 대해 조사를 하는 거지."

찰리의 말을 들은 라이언은 인상을 찌푸렸다.

"아저씨, 저는 도서관하고 별로 안 친해요."

"그럼 이번 기회에 도서관과 친해지면 되겠네."

라이언의 입에서는 저절로 한숨이 터져 나왔다. 울타리에 페인트를 칠하는 일이라면 기꺼이 도와줬겠지만, 인물 파일 같은 건 내키지 않는 일이었다.

라이언의 심드렁한 표정을 확인한 찰리는 팔에 든 책들을 추켜올리더니 웃으며 말했다.

"그래? 그럼 할 수 없지. 난 지금 도서관 가는 길인데, 가서 오늘은 영화를 좀 볼까?"

영화라는 말을 듣자 갑자기 라이언의 눈이 휘둥그레졌다.

"도서관에서 영화도 볼 수 있어요?"

"그걸 몰랐단 말이니? 하루 종일 공짜로 볼 수도 있는데?"

"정말이에요? 저는 도서관엔 공부하는 애들과 책만 있는 줄 알았어요."

"이 녀석아, 10분만 걸어가면 바로 도서관인데 한번 가보지 그랬냐?"

"초등학교에 다닐 때 가본 적이 있긴 해요. 그런데 그때는 도서관이 새로 지어지기 전이라 시설도 엄청 구식이었고, 책만 잔뜩 있어서 정말 재미없었거든요."

라이언은 겸연쩍게 웃으며 머리를 긁적였다.

"오늘 한번 가볼래?"

라이언은 잠시 생각하다 고개를 끄덕였다. 그러고 나서 집으로 들어가 엄마께 허락을 받은 뒤 잽싸게 뛰어나왔다. 찰리는 책을 벤치 위에 올려놓고 라이언을 기다리고 있었다.

"휴우, 다행이다. 저 책을 다 들고 걸어갈 생각을 하니 앞이 깜깜했는데."

찰리는 들고 있던 책의 절반을 라이언에게 주었다. 라이언은 양 팔에 든 책을 으쓱하고 들어 올리며 물었다.

"사실 이게 목적이었던 것 아니세요?"

"어떻게 알았니?"

장난스럽게 대답하던 찰리는 앞장서서 걷기 시작했다. 라이언도 그 뒤를 따라갔다.

도서관은 생각보다 크고 넓었다. 찰리는 열람실을 찾아가 한적한 자리에 책을 내려놓았다. 그리고 라이언에게 밖으로 나가자는 손짓을 했다.

도서관에는 영화관도 있었고 독서 토론회·종이접기·프라모델 조립 등의 취미 생활 강좌도 운영하고 있었다. 복도 끝에 있는 컴퓨터실에는 집에 있는 것보다 성능이 훨씬 좋은 컴퓨터 수십 대가 있었다. 지하 식당에서는 식사와 간식거리도 팔고 있어서 마음만 먹으면 도서관에서 하루 종일 지낼 수도 있을 것 같았다.

그렇지만 무엇보다 라이언의 눈길을 끈 것은 또래 아이들의 모습이었다. 생각보다 많은 아이들이 도서관에서 각자 책을 읽거나 취미 생활에 몰두하고 있었다.

"어때? 생각하던 것하고 다르지?"

찰리의 질문에 라이언은 크게 고개를 끄덕였다.

"이렇게 바뀐 줄은 몰랐어요. 도서관이라고 하면 엉덩이 무거운 애들이 공부만 열심히 하는 곳인 줄 알았거든요."

"굉장히 따분하고 재미없는 곳인 줄 알았구나? 앞으로는 나랑 같이 도서관에 다닐래? 여기 꽤 재미있는 곳이야."

라이언은 잠깐 동안 망설이다가 조용히 고개를 끄덕였다. 찰리는 라이언의 어깨를 두드리며 말했다.

"그러고 나서 적응되면 내 부탁도 좀 들어줘. 물론 공짜로 들어달라는 건 아니야. 음, 내가 용돈을 좀 주면 어떨까?"

갑자기 라이언의 귀가 솔깃했다.

"용돈이요?"

"그래. 내가 도움이 필요해서 부탁하는데, 그 정도 노력의 대가는 있어야 하는 것 아니겠니? 그래야 너도 더 신나게 도와줄 수 있고 말이야."

라이언이 씨익 미소지었다.

"녀석, 좋은 모양이구나."

"얼마나요?"

라이언은 짓궂은 표정으로 찰리를 치켜보며 물었다.

"그거야 네가 얼마나 잘 도와주느냐에 따라 달라지지. 하루에 한 시간 일한 사람과 열 시간 일한 사람에게 같은 돈을 줄 순 없는 것이니까 말이야."

"흠, 좋아요. 그러지 않아도 용돈 필요했는데……."

라이언은 콧노래를 불렀다. 라이언의 흥얼거림을 듣던 찰리는 한편으로는 걱정스러운지 조심스럽게 입을 열었다.

"라이언, 용돈 이야기가 나오자마자 쉽게 나서는 걸 보니까 용돈이 많이 궁한 모양이지?"

"에이, 그런 건 아니라고 말씀드렸잖아요. 그렇지만 많으면 많을수록 좋죠."

"용돈을 많이 받아서 어디에 쓰려고? 또 아이템 사려고?"

"에이, 게임 아이템은 이제 안 살 거예요. 사실, 저 좋아하던 게임도 두 개나 지웠어요. 그리고 지금껏 모아둔 아이템은 모두 팔아버릴 거예요."

"아이고, 큰 결심을 했구나. 그런데 아이템을 판 돈이랑 부모님이 주신 용돈, 그리고 내가 준다고 했던 용돈을 모아서 어디에 쓰려고 그러는 거니? 혹시 저축할 거니?"

"에이, 아저씨도 참. 저축은 돈이 남아 돌 정도로 많을 때나 하는 거지요."

"저축은 꼭 해야 하는 거야. 얼마가 되었든 모아야 할 테니까 말이야."

"쓰고 남으면 저축하는 거죠."

라이언이 헛웃음을 치며 말했다.

"저런, 라이언, 내가 말한 마시멜로 이야기 잊지 않았지?"

라이언은 고개를 끄덕였다.

"라이언, 만약에 말이야. 아버지께서 너한테 용돈을 주시
는데 한 번에 1,000달러를 받을 건지, 아니면 오늘은 1달러,
내일은 2달러, 그 다음날은 4달러······. 이런 식으로 30일을
받을 건지를 결정하라고 하면 넌 어느 쪽을 선택할 거니?"

"하하하, 우리 아빠께서 저한테 그렇게 용돈을 많이 주실
리는 없어요."

"만약이라고 했잖아."

"그렇다면 아마 많은 아이들이 매일 두 배씩 올려 받는 쪽
을 택하겠죠? 그게 액수가 훨씬 커진다는 걸 아니까요. 그렇
지만 저는 한번에 1,000달러를 받는 쪽을 택하겠어요."

"흠, 그렇게 생각하는 이유는 뭐지?"

"아마 1달러, 2달러, 4달러······. 이렇게 받는다면 저는 그
돈을 그날 다 써버리고 말 거예요. 그러면 나중에는 남는 게
하나도 없겠지요."

"그건 1,000달러를 받아도 마찬가지 아니니? 언젠가는 다

써버릴 텐데."

"그래도 1,000달러라면 한 며칠 정도는 못 쓰고 벌벌 떨 것 같은데요? 그리고 그 뒤로도 아껴서 쓸 것 같고요."

"네가 놓치는 게 하나 있구나."

"예? 뭔데요?"

"매일 두 배씩 올려 받으면 한 달이면 얼마가 되는지 알고 있니?"

"아휴. 그걸 어떻게 계산해요?"

"한 달이면 5억 달러가 넘어."

"우와, 많을 줄은 알았지만, 정말 많네요?"

"그렇지? 물론 처음엔 1달러로 시작하겠지만, 보름만 지나도 약 1만 6,000달러가 될 텐데, 그걸 하루에 쓸 수 있겠니?"

"아니요."

라이언은 고개를 절레절레 저었다.

"가끔은 당장의 욕심이 미래의 더 큰 것을 잃게도 만든단다. 마시멜로는 말이야, 내가 오늘 하나를 참는다고 미래에도 꼭 하나로 돌아오는 게 아니거든."

이야기를 마친 뒤, 찰리는 자리에서 일어났다.

"오늘 나는 영화는 못 보겠구나. 도서관에 너무 늦게 와서 말이야. 나는 따분하고 재미없는 책을 좀 봐야 할 것 같은데, 넌 뭘 할 거니?"

"저는 영화 볼래요. 영화 보는 것 아주 좋아하거든요. 다 보면 아저씨 자리로 찾아갈게요."

"그래. 그럼 좀 있다 보자."

찰리는 열람실로 들어갔다. 라이언은 영화관으로 가서 영상물 비치 목록을 확인했다. 대부분 개봉이 한참 지났지만, 그중에는 라이언이 꼭 보고 싶었던 영화들도 눈에 띄었다.

라이언은 그중 시간이 맞는 영화를 골라 상영관으로 들어갔다. 꽤 많은 아이들이 이미 자리에 앉아 있었다. 그중에 몇몇 아이들은 미리 상영 정보를 알아두었다가 보고 싶은 영화 목록을 만들어온 아이도 있었다.

영화가 끝나고 나서 라이언은 찰리를 찾아갔다. 찰리는 책을 보며 뭔가를 열심히 노트에 정리하고 있었다. 라이언은 찰리에게 밖으로 나가자는 눈짓을 해보였다.

"영화는 재미있었니?"

"전부터 정말 보고 싶던 영화였어요. 기대했던 만큼 좋았어요."

"그래? 재미있었다니 다행이구나."

"아저씨 계속 책 보실 거예요?"

"그래야지. 너도 책 볼래?"

라이언은 미간을 살짝 찌푸리며 고개를 절레절레 저었다.

"날 도와주려면 너도 책 많이 봐야 할 텐데……."

"일단 오늘은 마음의 준비부터 하고, 내일부터 도와드릴게요."

"하하, 녀석. 그래, 그럼 집에 가서 마음의 준비 단단히 하고 있어라."

"예!"

라이언은 도서관을 나와 집으로 왔다. 라이언의 손에는 상영 예정작이 적혀 있는 팸플릿이 들려 있었다.

다음 날, 교실에 들어선 라이언은 아이들이 알렉스의 자리에 웅성이며 모여 있는 모습을 보았다. 라이언은 아이들을 비집고 들어가 보았다.

"라이언, 이거 어때?"

알렉스는 꽤 묵직해 보이는 수동 카메라를 들고 있었다.

"우와! 알렉스, 폼 나는데?"

라이언은 장난삼아 카메라 끈을 잡아당기며 말했다.

"어허, 함부로 손대지 마라. 힘들게 장만한 거다."

라이언은 고개를 갸웃거렸다. 알렉스의 꿈이 사진작가인 줄은 알고 있었지만 집안 형편이 별로 좋지 않았고, 용돈도 자기보다 부족하게 받는 아이였다. 그러니 자기 용돈으로 카메라를 샀을 리도 없고, 부모님께서 사 주셨을 리는 더더군다나 없었다.

"그런데 너 무슨 돈이 있어서……."

라이언은 말을 해놓고도 실수인가 싶어 자신의 입을 틀어막았다. 그렇지만 알렉스는 라이언의 말에 별다른 반응을 보이지 않은 채 말했다.

"돈? 돈이야 모으면 되는 거지."

"얼마나 모았기에? 넌 용돈도 나보다 적게 받잖아. 그렇다고 한 푼도 안 쓴 것도 아니고."

"야, 아무리 적은 돈도 모으면 많아지게 되어 있어. 당연한 거 아니냐?"

"그래. 그건 당연하지. 하지만……."

라이언은 자기 자리에 앉으며 계속 고개를 갸우뚱거렸다.

아무리 생각해도 이해하기 힘든 일이었다.

수업이 끝나자마자 라이언은 찰리 집부터 들렀다. 찰리는 라이언을 기다리고 있었다며 외출 허락을 받고 오라고 했다. 라이언이 간편한 차림으로 돌아왔을 때, 찰리는 차에 시동을 걸고 있었다.

"아저씨, 오늘은 차 타고 가는 거예요?"

"응, 책이 너무 많아서 말이야."

찰리가 눈으로 가리킨 뒷좌석에는 정말 책이 한가득 실려 있었다.

라이언은 찰리의 옆자리에 앉았다. 도서관까지는 걸어서는 가까운 거리였지만, 차로 가려면 조금 돌아가야 했다.

"아저씨, 고등학교 졸업하고 나서 대학에 입학하기 전까지 무슨 일 하셨어요?"

라이언의 질문에 찰리는 핸들을 탁탁 쳤다.

"예?"

"이것, 운전 했어."

"운전이요?"

"응, 어떤 분의 기사였거든."

"아……."

"사실은 그분을 만났기 때문에 내가 대학에 입학할 수 있었던 것이기도 해. 만일 그분을 못 만났더라면 난 아직도 먹고 놀기만 하는 청년이었을 거야."

"정말이요? 어떤 분인지 궁금해요."

"그래? 나중에 만날 기회를 한번 만들어 보도록 하지."

"네, 좋아요."

도서관에 도착하자 라이언은 찰리의 책을 나눠 들었다.

"그런데 어떤 사람을 조사해야 하는 거예요?"

"그거야 네가 골라야지."

"네? 그것도 안 정해주시는 거예요?"

"그럼. 네가 잡지를 보거나 인터넷을 검색해서 의미 있는 인물이 나오면 그 사람의 생각이나 행동, 일대기, 이루어놓은 일 등에 대해 조사를 하는 거야. 처음부터 끝까지 모두 네가 알아서 하는 거지."

"으윽……."

라이언의 몸이 축 처졌다.

"라이언, 네가 하겠다고 한 거야. 내가 억지로 시킨 건 아니잖니?"

라이언은 힘없이 고개를 끄덕였다.

그날, 라이언은 맨 먼저 컴퓨터실로 가서 신문과 뉴스의 내용을 검색해 보았다. 사실, 성능 좋은 컴퓨터 앞에 앉아 있으니 슬금슬금 게임의 유혹이 느껴지기도 했다. 그렇지만 그럴수록 라이언은 마음을 다잡았다. 지금까지 잘 해왔는데, 이제 와서 무너질 순 없었다.

'휴, 도대체 누굴 조사해야 될지 모르겠네.'

신문과 뉴스만으로는 도저히 조사할 인물을 결정하기 어려웠던 라이언은 검색창에 '성공한 인물'이라고 써넣어 보았다. 그렇지만 결과는 역시 만만치 않았다. 엉뚱한 검색 결과만 잔뜩 나오는 것은 물론이고, 간혹 한두 명씩 나온다 해도 라이언은 이름조차 들어본 적 없는 사람들이었다.

'에라, 모르겠다. 월마트에서 세일하는 옷이 있는지, 그거나 좀 알아 봐야지.'

라이언은 자포자기 하는 심정으로 '월마트'를 검색해 보았다. 그런데 눈에 띄는 내용이 있었다.

'월마트 창업자 샘 월튼의 경영 철학'

'오호! 잘 됐다. 따로 조사하기도 귀찮았는데 그냥 이 사람으로 하지, 뭐.'

라이언은 속으로 쾌재를 부르며 샘 월튼의 이름을 클릭했다.

샘 월튼 _ 1달러의 소중함

샘 월튼은 1918년, 오클라호마 킹 피셔의 가난한 농가에서 태어났다. 그의 부모는 그가 다섯 살 되던 해 농사를 그만두고 대출 평가사로 직업을 바꾸었지만, 가난을 벗어나기엔 힘이 들었다. 그래서 그는 어린 시절부터 우유 배달, 신문 배달 등의 일을 하며 스스로 용돈을 벌어야 했다.

이렇게 열심히 일을 하면서도 공부의 끈을 놓지 않았던 그는 미주리 대학에 진학해 경제학을 전공하게 되었다. 이때에도 역시 신문 배달, 레스토랑 웨이터, 수영장 안전 요원 등의 일을 하며 돈을 벌었다.

대학을 졸업하고 3일 만에 그는 '제시 페니'라는 상점의 수습 사원으로 들어가게 된다. 원래는 몇 달만 일을 하고 그만 두려 했지만, 고객을 최우선으로 하는 제시 페니의 경영 방침에 큰 감동을 받아 2년 동안이나 일하게 되었다.

그가 사업을 시작한 것은 결혼을 하고 군대에서 제대한 뒤였다. 그는 장인어른에게 빌린 2만 달러와 자신이 모은 5,000달러를 가지고 '벤 프랭클린 잡화점'을 인수했다. 그는 싼 값에 대량으로 물품을 구입하고, 다른 가게보다 일찍 문을 열고 늦게 닫는 등 차별화된 방법을 이용하여 고객을 끌

어들이기 시작했다. 곧 그 가게의 매출은 더 이상 경쟁 상대
가 없을 정도가 되어 버렸다.

그 이후로도 여러 상점들을 인수하며 점점 경영을 확장하
던 샘 월튼은 1962년 아칸소 주에 월마트 1호점을 개장하기
에 이르렀다. 그리고 2년 후엔 2호점을, 1970년에는 무려 25
개의 매장을 운영하게 되었다. 13년 후인 1983년에는 642개
의 매장을 운영하게 되었고, 1985년에는 미국에서 가장 재산
을 많이 보유한 사람으로 꼽히게 되었다.

이런 명성을 얻기까지 그는 일 중독자로 불릴 만큼 일에
파묻혀 살아야 했다. 허름한 차림으로 소형 트럭을 몰고 이
동네, 저 동네 월마트를 누비는 그의 모습은 아무리 보아도
사장으로 보이지 않을 정도였다.

그는 언제나 직원들에게 다음과 같이 말했다.

"우리의 사명은 고객에게 가치를 제공하는 데 있습니다.
그 가치에는 품질이나 서비스 뿐 아니라 절약도 포함되어 있
습니다. 우리가 1달러를 낭비하면 고객의 주머니에서 1달러
를 도둑질하는 것과 같습니다."

그는 가난했던 시절 신문 배달, 우유 배달을 하며 깨달았
던 1달러의 소중함을 재벌이 되어서도 잊지 않았다.

이 내용을 읽으면서 라이언은 알렉스와 자신의 모습을 떠올렸다. 게임 아이템을 사겠다고 몇 십 달러를 척척 써대고, 옷장에 유명 브랜드의 청바지가 없다고 툴툴대던 자신의 모습, 친구들이 가진 비싼 운동화를 사달라고 부모님을 졸랐던 모습……. 게다가 찰리 아저씨의 부탁을 들어주기로 한 이유역시 돈 때문이었고, 월마트를 검색해 본 이유 또한 뭔가를사기 위해서가 아니었던가. 라이언은 그동안 1달러를 소중하게 여기기는커녕 잃어버려도 아깝지 않을 정도로 하찮게여겼던 자신의 모습을 반성하게 되었다.

'어쩌면 알렉스야말로 1달러를 소중하게 여길 줄 아는 녀석이었는지도 몰라. 내 용돈의 절반 정도밖에 받지 않으면서도 그걸 아끼고 모아 그렇게 갖고 싶어 하던 수동 카메라를 샀잖아.'

라이언은 절로 한숨이 나왔다.

라이언은 샘 월튼에 대한 여러 가지 정보를 저장한 뒤 출력해서 찰리의 자리로 찾아갔다. 찰리는 라이언에게 밖으로나가자는 고갯짓을 해 보였다.

"어때? 뭐 찾아본 것 있어?"

라이언은 출력한 종이를 찰리에게 내밀었다.

"샘 월튼? 월마트 창업자 말이지? 그래, 정말 훌륭한 분이지."

"이렇게 하면 되는 거예요?"

"응, 아주 잘 했어. 앞으로도 이번만큼만 해주면 되겠다."

"칭찬받는 거 정말 오랜만인 걸요."

라이언은 쑥스럽게 웃으며 머리를 긁적였다.

집으로 오는 내내 라이언은 오늘 인터넷으로 찾았던 내용들을 떠올려 보았다. 라이언은 하늘을 쳐다보며 생각했다.

'나도 조금씩이라도 용돈을 저축하면 큰돈을 모을 수 있을까?'

집으로 온 라이언은 방 한구석에 던져져 있는 가방을 노려보았다.

'아, 숙제하기 싫다.'

라이언의 머릿속에는 계속 이 생각뿐이었다. 그렇지만 라이언은 책상 앞에 적어놓은 '사자와 가젤' 이야기, 그리고 마시멜로 봉지를 쳐다보며 고개를 저었다.

'아니야. 어렵게 마음먹었는데 이렇게 허무하게 무너져 버리면 안 되지.'

라이언은 입술을 한 번 꾹 깨물며 가방을 열었다. 그러고는 차분히 숙제를 해나가기 시작했다. 아는 것보다 모르는 것이 더 많아 답답하긴 했지만, 그럴 때마다 인터넷으로 검색을 하거나 전에 배웠던 내용을 다시 들춰보며 침착하게 적어나갔다.

솔직히 책상 앞에 얌전히 앉아 한 시간이 넘도록 과제만 하자니, 가슴 속이 터져 나갈 것처럼 답답했다. 그렇지만 그럴 때마다 '싫어도, 지겨워도, 정말 짜증나도 해야 돼.' 라고 스스로에게 주문을 걸었다.

"휴우! 이제 다 했다."

어렵게 과제를 마친 라이언은 기지개를 한번 켜 보았다. 가슴 속이 박하 향기처럼 시원했다. 그러고 나서 라이언은 지갑을 열어 보았다.

'자, 어디 보자. 지갑에 30달러가 남았네. 오늘이 화요일이니까 이 돈으로 이번 일요일까지 써야 한다는 얘기인데…….'

라이언은 메모지 한 장을 꺼내 다음과 같이 기록했다.

남은 돈 : 30달러

도미니크 생일 선물 : 10달러

수업 후 친구들과 간식 : 10달러

월말에 나오는 영화잡지 살 돈 : 4달러

'이렇게 하면 6달러가 남네. 이걸로 저축이란 걸 한번 해 볼까?'

어떻게 할까 고민을 하던 라이언은 해답을 찾듯 마시멜로 봉지를 쳐다보았다.

'당장의 욕심 때문에 미래의 더 큰 것을 잃는다, 오늘 마시멜로를 하나 참는다고 미래에도 하나로 돌아오는 것은 아니다.'

한참을 생각하던 라이언의 머릿속에 번쩍 하고 뭔가가 떠올랐다.

'내가 쓰고 남은 돈을 저축하겠다고 했을 때, 아저씨가 마시멜로 이야기를 꺼냈어. 그건 곧 저축하기 전에 이미 돈을 써버리는 게 마시멜로를 성급하게 먹어치우는 것과 같다는 뜻이겠지?'

라이언은 자신이 적어놓은 내용을 곰곰이 다시 읽어 보

았다.

'그래. 생일 선물 값을 좀 줄이도록 해 봐야겠어. 폼 나는 선물이 아니라 마음이 중요한 거니까. 그리고 노력하면 간식 비도 더 아낄 수도 있을 거야. 간식이야 뭐, 꼭 먹어야 하는 것도 아니니까.'

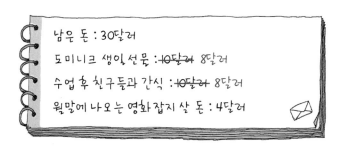

라이언은 지갑에서 10달러를 꺼냈다.

'이제 앞으로 용돈 받으면 1주일에 10달러씩 저축부터 해 야겠어. 그리고 남은 돈으로 계획을 세워서 써봐야지.'

라이언은 책꽂이 구석에 장식품처럼 놓여 있던 텅 빈 저금 통을 꺼냈다. 하얀 먼지가 풀썩 일어났다.

"아이쿠!"

라이언은 저금통의 먼지를 닦은 뒤, 10달러 지폐를 집어 넣고는 마시멜로 봉지 옆에 나란히 놓아두었다. 그리고는 저금통과 마시멜로 봉지를 번갈아 보았다.

'으흠, 오늘 하나를 참으면 내일은 두 개를 먹을 수 있을 거야.'

아래층에서 저녁을 먹으라는 엄마의 목소리가 들려왔다. 라이언은 집안이 쩌렁쩌렁 울릴 정도로 큰 소리로 대답을 하며 계단을 뛰어 내려갔다.

말 한마디의 배려가
상대방을 내편으로 만든다

"라이언!"

이제 막 등교한 라이언이 오전 수업 교과서를 정리하고 있을 때였다. 같은 반 여학생인 키키가 라이언의 옆자리에 바짝 다가앉아서는 말을 걸어왔다. 키키는 작년에 이어 올해에도 영화 동아리에서 함께 활동하는 여자 아이로 주근깨가 얼굴에 가득했다.

"무슨 일이야?"

"옛날 영화 중에 「황금광 시대」라는 거 있잖아."

"있지. 왜?"

"그 주인공 이름이 뭐였지? 엄청 유명한 사람이었던 것 같은데 어젯밤부터 이름이 생각이 안 나는 거 있지?"

"넌 영화 동아리에 있는 애가 어째서 그런 것도 모르냐? 쯧쯧……."

라이언은 책을 내려다보며 귀찮은 듯 내뱉었다.

"알려줄 거야, 말 거야?"

"집에 컴퓨터 없냐? 좋은 인터넷 놔두고 왜 나한테 물어보냐?"

"야, 됐어!"

키키가 책상을 치며 일어서더니 딱딱하게 굳은 표정으로 자기 자리로 가서 앉았다. 누가 보아도 단단히 화가 난 얼굴이어서 라이언은 적잖이 당황스러웠다. 사실, 라이언은 키키가 저렇게 화를 내리라고는 생각지 않았었다. 한 번만 더 물어보면 대답해 줄 참이었는데…….

잠시 후, 알렉스가 다가왔다.

"라이언, 키키 왜 저러냐?"

"몰라."

라이언은 입을 삐죽 내밀어 보였다. 그때 수업 시작을 알리는 종소리가 울려서 상황은 그대로 끝나는 듯했다. 그렇지만 그게 끝이 아니었다. 점심시간에 식당에서 라이언은 키키의 맞은편에 앉았는데, 갑자기 키키가 벌떡 일어나더니 뒤편에 있는 자리로 옮겨 앉는 것이었다. 그러더니 다른 여자 아이들과 함께 들으라는 듯 떠들어대기 시작했다.

"흥, 별 꼴이다, 야."

"그러니까 말이야. 별 것도 아닌 걸로 잘난 척은……."

"뭐, 원래 그런 애잖아. 신경 *끄자*."

라이언이라고 콕 집어서 이야기한 것은 아니었지만, 분명 라이언에 대한 이야기였다. 라이언은 밥을 먹는 동안 자신도 모르게 자꾸만 뒤에서 들려오는 이야기에 신경이 쓰였다.

다음 날도 키키는 좀체 달라지지 않았다. 계속해서 키키와 친구들이 자신을 쳐다보며 수군거리고, 어쩌다 눈이 마주치기라도 하면 칼날처럼 흘겨보는 통에 라이언은 하루 종일 가시 방석에 앉은 것처럼 불편했다.

"라이언, 무슨 일 있어? 오늘은 왜 이리 조용해?"

도서관으로 가는 길 내내 라이언이 시무룩하자 찰리가 물었다.

"기분이 좀 안 좋아요."

"왜? 뭔가 이유가 있을 것 아니야?"

라이언은 멀리 도서관 입구만 바라보며 대답하지 않았고, 찰리도 더 이상 묻지 않았다. 도서관에 도착한 라이언과 찰리는 열람실에 자리를 잡아두고 잠깐 밖으로 나왔다. 찰리가 커피를 마시는 동안 라이언은 영화 상영표 앞에서 서성였다. 이번 주는 찰리 채플린 추모 기간이라며 상영표 가득 찰리 채플린이 주연했던 영화들이 적혀 있었다.

"에잇, 짜증나."

라이언은 상영표가 붙은 벽을 발로 걷어차며 중얼거렸다.

"라이언, 왜 그러니?"

찰리가 라이언에게 다가오며 물었다.

"찰리 채플린 때문에 짜증나는 일이 있었거든요."

"왜? 찰리 채플린이 너한테 뭐라고 하든?"

"아, 아니, 그게 아니라……"

라이언은 하소연을 하듯이 학교에서 있었던 일을 이야기했다.

"그래서 키키라는 아이 때문에 네가 짜증이 났다고?"

라이언은 고개를 끄덕였다. 찰리는 잠깐 생각하더니 라이언을 가까운 의자에 앉혔다.

"라이언, 내가 이야기 하나 들려줄 게 있어."

 신발 두 짝

인도의 사상가였던 간디는 어느 날 급하게 기차를 타게 되었다. 막 출발하려는 기차에 겨우 올라탄 간디는 그만 플랫폼에 신발 한 짝을 떨어뜨리고 말았다. 그렇지만 신발을 줍기엔 이미 너무 늦어버렸다. 기차가 움직이고 있었기 때문이다. 간디는 얼른 나머지 신발 한 짝을 벗어 떨어진 신발 옆으로 던져버렸다. 그런 간디를 놀란 눈으로 보던 승객 한 명이 물었다.

"아니, 나머지 신발까지 던지시면 어떡하십니까? 맨발이시잖아요."

그러자 간디는 온화한 미소를 지으며 말했다.

"저 신발을 줍는 사람이 신발을 신을 수 없을 정도로 가난한 사람일 수도 있지 않습니까? 그런 사람에게 신발 한 짝이 무슨 소용이 있겠습니까? 두 짝 모두 있어야 온전하게 신을 수 있지요."

이야기를 다 들은 라이언은 고개를 갸웃거렸다.

"라이언, 간디가 무슨 뜻으로 그런 행동을 했겠니?"

"그거야, 가난한 사람들을 돕고 싶은 마음에서죠."

"그래. 간디는 자신의 발이 불편한 걸 감수하면서도 그 신발을 주울 사람의 입장을 먼저 생각했던 거야."

라이언은 여전히 멀뚱한 표정이었다.

"라이언, 키키가 너한테 왜 물어봤다고 생각하니? 네 말대로 좋은 인터넷 놔두고 말이야."

"그러니까요."

"키키가 인터넷을 사용할 수 없는 사정이 있었던 건 아닐까?"

라이언은 곰곰이 생각을 해보았다. 라이언은 키키와 같은 영화 동아리 친구 정도였을 뿐, 아주 친한 편은 아니었다. 그런데 찰리의 질문을 받는 순간 한 가지 떠오르는 일이 있었다.

언젠가 키키가 눈이 빨개진 채 학교에 온 적이 있었다. 아이들 말로는 키키네 집에 형제들이 많은데, 다섯 살짜리 막내 동생이 과제 노트에 음료수를 쏟아서, 숙제를 다시 하느라 밤을 새웠다는 것이었다.

"아휴, 내가 왜 그 생각을 못했지? 키키네 집에는 형제들이 많거든요. 생각해 보니까 형제들이 많아서 자유롭게 인터넷을 할 수 없었나 봐요."

찰리는 당황하는 라이언의 얼굴을 보며 고개를 절레절레 저었다.

"그러니까 이 녀석아, 좀 생각해 보고 말하지 그랬니? 생각도 안 하고 성급하게 말부터 내뱉는 것도 마시멜로를 너무 성급하게 먹어치우는 거야."

"정말 그런가 봐요. 저는 형제가 없으니까 키키의 입장을 쉽게 떠올릴 수가 없었어요."

"그래, 그럼 열심히 반성해 봐라. 난 이만 들어갈게."

찰리는 식은 커피를 마저 마시고 자리에서 일어섰다. 그리고 라이언에게 눈을 한 번 찡긋해 보인 뒤 열람실로 들어갔다.

'마시멜로……. 그래 내가 그때 키키의 입장을 먼저 생각하고 말했더라면 그 아이들이 날 그렇게 미워하진 않았을 거야. 그러면 '친구'라는 더 큰 마시멜로를 얻을 수 있었을 텐데…….'

라이언은 자리에서 일어나 컴퓨터실로 향했다.

찰리의 이야기 덕분에 오늘의 인물은 어렵지 않게 정해졌다. 바로 '간디'였다. 라이언은 간디의 일생과 일화를 정리하면서 그가 얼마나 큰 인내와 배려, 사랑으로 살아갔던 사람이었는지 다시 한 번 마음 속 깊이 느낄 수 있었다.

찰리에게 정리한 자료들을 건네주고 라이언은 집으로 돌아왔다. 그리고 책상 앞에 앉아 메모지 한 장을 꺼냈다.

'친구에게 어떤 이야기를 해야 할 땐, 마음속으로 한 번 심호흡을 하자. 그동안 최대한 친구의 입장을 생각한 뒤 입을 열자.'

라이언은 이렇게 쓴 메모지를 마시멜로 봉지 옆에 붙여두었다.

'사자와 가젤' 이야기 옆에 저금통, 그 옆에 마시멜로 봉지와 메모지. 책상은 전에 비해 많이 어수선해졌지만, 라이언의 마음은 점점 더 깔끔하게 정리되어 가는 것 같았다.

다음 날 일찌감치 등교를 한 라이언은 키키가 오기만을 기다렸다. 한 10여분 지났을까? 키키가 뛰어왔는지 손부채를 부치며 교실 문을 열고 들어섰다. 라이언은 얼른 키키에게 다가갔다.

"키키, 어제는 내가 미안했어."

키키는 난데없이 다가와 말을 건네는 라이언을 놀란 눈으로 쳐다보았다.

"어제는 내가 너무 생각 없이 말했어. 그렇게 쉽게 말하면 안 되는 거였는데 말이야."

"아, 아니. 그 정도는 아니고……."

"그나저나 「황금광 시대」 주인공이 누군지는 알아냈어?"

"응. 찰리 채플린."

"아참, 도서관에서 찰리 채플린 추모 영화 상영하던데 시간 괜찮으면 같이 갈래?"

넋을 잃은 듯이 듣고 있던 키키가 눈이 휘둥그레져서는 라이언을 쳐다보았다.

"오늘은 안 되는데……."

"이번 주말까지니까 언제든 시간 되면 말해. 같이 가자."

키키가 환하게 웃으며 고개를 끄덕였다.

"키키랑 그 친구들이 오늘은 아무 말 안 하네? 벌써 마음이 풀렸나? 여자애들은 원래 오래 가던데……."

알렉스는 고개를 갸웃거리며 라이언에게 속삭였다. 그렇지만 이번 일만큼은 라이언도 알렉스에게 비밀로 하고 싶었다.

아는 것과 실천하는 것은 다르다

며칠이 지났다. 라이언에게는 아주 기분 좋은 나날이었다. 단 하루도 지각하지 않았고, 수업 시간에 졸지도 않았다. 게다가 어제는 키키와 함께 도서관에서 영화도 보았다. 영화를 본 뒤, 영화에 대한 이야기를 하면서 라이언은 키키가 자신보다 훨씬 영화에 대해 해박하다는 것을 알고는 깜짝 놀랐다. 키키의 꿈은 시나리오 작가라고 했다. 이런저런 이야기를 나누면서 라이언은 키키와 한층 더 가까워졌다는 생각을 했다. 자신의 변화로 새로운 친구를 하나 얻었다고 생각하니 무척 뿌듯했다.

또 다른 변화도 있었다. 라이언은 게임 아이템을 모두 팔았다. 조금 싼 값에 아이템을 중개 사이트에 올렸더니 이틀 만에 모두 팔려나가 버렸다. 한편으로는 섭섭하기도 했지만 개운한 마음이 훨씬 더 컸다. 그도 그럴 것이 라이언의 통장에는 꽤 두둑한 돈이 입금되어 있었다. 라이언은 통장을 들여다볼 때마다 입이 다물어지지 않았다.

그렇지만 이런 평화와 행복도 딱 어제까지였다. 오늘 학기 중간에 실시하는 시험 일정이 나왔기 때문이었다.

"아이고오~"

이렇게 괴로워하는 아이는 라이언뿐만이 아니었다. 공부를 잘하는 아이든, 못하는 아이든, 모두 다 시험에 큰 부담을 느끼긴 마찬가지였다.

라이언은 수업을 마친 뒤 찰리를 찾아갔다.

"아저씨, 당분간 아저씨가 부탁하신 일 못할 것 같아요."

"왜? 무슨 일이라도 있는 거니?"

"3주 후에 시험이 있어요."

"공부하려고 그러는구나?"

라이언은 고개를 끄덕였다.

"그래. 계획은 세웠고?"

"네? 무슨 계획이요?"

라이언은 멍한 얼굴로 찰리를 쳐다보았다.

"공부를 하려고 마음먹었으면 어떻게 공부할지 계획도 세워야지."

"그건 알지만, 그런 계획 세워봤자 한 번도 지켜본 적이 없거든요……."

찰리는 고개를 끄덕이며 웃었다.

"하긴, 나도 그러긴 했다. 자, 우리 좀 더 얘기해볼까?"

찰리가 자세를 고쳐 앉으며 말했다.

"넌 공부라는 걸 왜 해야 한다고 생각하니?"

찰리의 진지한 질문에 라이언은 아무 말 하지 못하고 땅만 쳐다보고 있었다.

"아니, 공부를 하겠다고 마음을 먹었으면 왜 공부를 해야 하는지 조금은 생각해 봤을 거 아니냐?"

"나중에 잘 살기 위해서요."

"잘 살기 위해서? 어떻게 잘 살려고?"

"돈도 많이 벌고, 사회적으로 체면도 좀 서고……."

"에이, 그건 네 생각이 아닌 것 같은데?"

라이언은 피식 웃었다.

"맞아요. 엄마랑 아빠가 하시는 말씀이죠."

"그거 말고 네 생각은 어떠냐고 묻는 거야."

라이언은 심호흡을 한 번 하더니 고개를 들고 찰리의 얼굴을 쳐다보며 말했다.

"솔직히 말씀드리면요, 저는 대학에 가야 하거든요. 전에 이야기했잖아요. 저도 꿈이 있다고요. 그런데 그 꿈을 이루려면 대학에 가는 게 유리해요."

"음, 그런데?"

라이언은 또다시 한숨을 쉬었다.

"그렇지만 그러면 뭐 해요? 지금 같아서는……."

"물론, 지금 같으면 안 되지."

라이언은 어두운 표정으로 고개를 떨어뜨리고 말았다.

"그러니까 지금과는 달라야 하지 않겠니?"

"그걸 어떻게 해야 할지 모르겠어요."

"그러니까 이제부터 계획을 차근차근 세워서 하나씩 실천해봐야지."

말을 마친 찰리는 테이블 위에 있는 신문을 펼쳐 보기 시작했다.

"그게 다예요?"

찰리는 어깨를 으쓱해 보였다.

"어떻게 계획을 세워야하는지, 어떻게 실천해야 하는지는 안 가르쳐 주세요?"

"그건 라이언 자네가 알아서 해야 할 일이라네."

찰리가 장난스럽게 말했다.

"그런 게 어디 있어요?"

"라이언, 넌 분명히 그 방법을 알고 있어. 그리고 지금 꿈을 이뤄야 할 사람은 너야. 내가 아니라고."

입을 뾰로통하게 내밀고 있는 라이언을 보며 찰리는 신문을 살짝 밀치면서 말했다.

"자, 이제 얼른 집에 가서 이제부터 3주 남은 기간 동안 어떤 준비를 할 것인지, 그리고 앞으로 네가 어떻게 공부를 해야 꿈을 이룰 수 있을지 고민을 해봐야 하지 않겠니? 시간이 별로 없을 텐데……."

말을 마친 찰리는 다시 신문을 끌어당겨 읽기 시작했다. 라이언은 김이 샌 표정으로 찰리의 집을 나왔다.

책상 앞에 앉아 고민을 거듭하던 라이언은 자리에서 벌떡 일어섰다. 그리고 노트와 책 몇 권을 챙겨들고 다시 찰리의 집으로 향했다.

"아니, 벌써 고민이 끝난 거야? 의외로 빠른걸?"

찰리가 현관문을 열고 웃으며 말했다. 라이언은 아무 대답 없이 성큼성큼 걸어가 소파에 턱 걸터앉았다.

"안 갈 거예요."

"뭐? 뭐라고?"

"아저씨께서 도와주시기 전까지는 안 갈 거라고요."

"어허, 이 녀석 참."

찰리는 턱에 손을 괸 채 잠시 고민하다 라이언의 맞은편 소파에 앉았다.

"좋아. 다만 한 가지만 명심해. 내가 네 머릿속에 공부 내용을 집어넣어줄 순 없다는 것 말이야."

라이언의 얼굴엔 웃음이 번졌다.

"하하하, 당연하죠."

"먼저 네 책과 노트 좀 보여줄래?"

라이언은 책과 노트를 찰리 쪽으로 밀었다. 찰리는 라이언이 건넨 책과 노트를 세심하게 살펴보았다.

"흠, 너 노트에 낙서를 많이 하는구나."

라이언은 머리를 긁적였다.

"좋아. 그런데 너 여기에 쓴 내용 모두 이해는 하는 거니?"

라이언은 얼굴이 빨개진 채 고개를 저었다. 찰리는 한참 동안이나 생각에 잠겼다.

"그럼 이번 일주일 동안은 주요 과목 중에서 네가 이해하지 못하는 내용을 집중적으로 공부하도록 해봐라."

"어휴. 아저씨, 제가 이해하는 내용보다 못하는 내용이 더 많은 걸요?"

라이언은 난감한 표정을 지었다.

"그럼 어떻게 하고 싶은 거니?"

"잘 모르겠어요."

라이언은 고개를 푹 숙인 채 풀죽은 목소리로 말했다.

"너 성적을 올리고 싶기는 한 거지?"

"그럼요!"

"그러면 공부할 내용을 완벽하게 이해하고 넘어가야 할 것 아니겠니?"

"그러니까 저는 좀 더 빨리, 그리고 쉽게 문제를 풀 수 있었으면 하는 거예요. 그렇게 모르는 내용 모두 공부하다가는 3주는커녕 3년이 걸려도 다 못할 거예요."

찰리는 양미간을 찌푸린 채 굳은 표정으로 말했다.

"3년이 걸리더라도 할 건 하고 넘어가야지."

"그럼 저더러 학교를 포기하란 말씀이세요?"

이번에는 라이언도 발끈하고 나섰다.

"내가 늘 마시멜로를 명심하라고 하지 않았니? 너무 성급하게 집어먹으려다간 탈이 난다는 걸 잊지 말아야지."

라이언은 한숨을 내쉬었다.

"게다가 이번 마시멜로는 네 손 앞에 바짝 다가와 있는 게 아니라 공중에 붕붕 떠 있는 것이나 마찬가지야. 네가 훌쩍 날아가거나 마시멜로가 뚝 떨어지기 전에는 네 입 속으로 들어올 수 없지. 자, 그러면 차근차근 한번 생각해 보자. 마시멜로를 먹으려면 그걸 어떻게 내 입과 가장 가까운 곳까지 가지고 와야 할지를 먼저 생각해야 하지 않겠니? 도구를 이용할지 아니면 친구에게 도움을 받아 안아 올려달라고 해야 할지, 그 방법을 먼저 알아야 너의 마시멜로도 먹을 수 있는 거란다."

찰리가 이야기하는 내내 라이언의 얼굴은 딱딱하게 굳어져 갔다.

"라이언, 내가 제안하는 방법이 마음에 안 들지?"

"아, 아니에요. 다 제가 스스로 해야 할 일을 못해서 그렇다는 거 저도 알아요. 그렇지만……."

"그래, 힘들 거라는 것 나도 알아. 그래도 넌 나보다 훨씬 나아. 난 고등학교를 졸업한 지 10년도 더 지나서야 공중에 뜬 마시멜로를 끌어내릴 수 있었잖아?"

찰리는 라이언의 어깨를 다독여주었다.

"자, 그럼 구체적으로 계획 세우는 방법을 알려주마. 먼저 하루 동안의 생활을 시간별로 정리해. 그러다 보면 분명히 어느 시간에 얼마나 공부를 해야 할지 계획이 세워질 거다. 네가 봤을 때 그 시간이 적당하다고 생각하면 그대로 하면 되고, 만일 부족하다면 어떻게든 시간을 만들어내야겠지. 알겠니?"

라이언의 입에서는 한숨이 절로 나왔다.

"아저씨 말씀대로라면 아마 밥 먹을 시간도, 잠 잘 시간도 없을 거예요."

"정 그렇다면 앞으로는 엄마께 샌드위치를 만들어달라고 해서 공부를 하면서 먹으면 되지 않겠니? 그리고 잠자는 시간도 어느 정도 줄여보고 말이야. 얼마 전까지만 해도 넌 게임을 하느라 밤새는 줄을 몰랐잖아."

라이언의 입에서는 헛웃음이 새어나왔다.

"잘 할 수 있을 거야. 넌 그렇게 좋아하던 게임도 두 개나 없애버린 대단한 아이니까!"

찰리는 다시 한 번 라이언의 어깨를 두드렸다. 라이언은 책과 노트를 다시 챙겨든 채 집으로 돌아왔다.

책상에 앉은 라이언은 30분 동안 아무것도 하지 못하고 있었다. 그러다 라이언은 고개를 절레절레 저었다.

"30분도 아까운 시간인데, 아무것도 하지 않고 보내면 안 되지."

라이언은 혼잣말을 중얼거렸다. 그리고 빈 노트를 펼쳐 시간을 정리해 보았다.

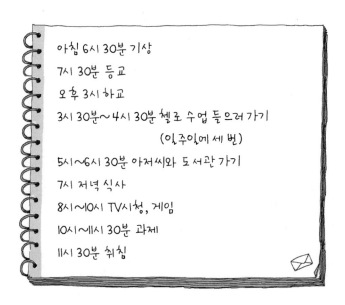

아침 6시 30분 기상
7시 30분 등교
오후 3시 하교
3시 30분~4시 30분 첼로 수업 들으러 가기
　　　　　　　　　 (일주일에 세 번)
5시~6시 30분 아저씨와 도서관 가기
7시 저녁 식사
8시~10시 TV시청, 게임
10시~11시 30분 과제
11시 30분 취침

물론 이 시간을 모두 칼같이 지켜낸 것은 아니었지만, 이렇게 써놓고 보니 뭔가 명확해지는 것 같았다.

'자, 그럼 공부할 시간을 한번 만들어 볼까?'

라이언은 적어놓은 내용에 다른 색깔의 펜으로 고쳐가며 정리를 하기 시작했다.

'첼로 레슨은 시험 기간 동안만 잠시 쉬어도 될 거야. 첼로 선생님도 이해해 주시겠지. 그리고 아저씨에게는 미리 말해두었으니까 과제가 없는 날은 이 날도 공부하는 시간으로 정해놓자. 그리고 텔레비전 보기랑 게임……. 이건 아예 안 할 순 없는데.'

라이언은 이런 저런 생각을 하며 드디어 계획표를 하나 만들어냈다.

아침 6시 30분 기상
7시 30분 등교
오후 3시 하교
3시 30분~5시 30분 주요 과목 복습
5시 30분~6시 휴식
6시~7시 공부

7시 저녁 식사

8시~9시 30분 텔레비전 시청, 게임

9시 30분~11시 30분 공부. 다음 날 공부 계획 세우기

11시 30분 취침

계획표를 다시 한 번 쭉 읽어보던 라이언은 미소를 지었다. 왠지 설레이기 시작했다. 라이언은 부모님께 계획표를 자랑하기 위해 계단을 내려갔다. 부모님은 거실에서 이야기를 하고 계셨다. 라이언은 잠시 걸음을 멈췄다.

"요즘 라이언이 많이 변했어요. 그렇죠?"

"그러게요. 아침에도 일찍 일어나고, 숙제 한다고 책상에 앉아 있는 시간도 늘어났어요."

엄마 아빠는 싱글벙글 웃으셨다.

"이제 공부만 좀 더 해주면 좋을 것 같은데 말예요."

"그래도 이 정도만 해도 대단한 발전이잖아요. 하하하."

이야기를 엿듣던 라이언은 조용히 방으로 들어갔다. 공부를 하기로 했다고 말하면 부모님이 더 좋아하실 거라 생각했지만, 한동안은 말하지 않기로 했다. 아직 아무것도 행동

으로 보여드리지 않고, 말부터 한다는 것이 왠지 마시멜로를 성급하게 먹어치우려는 모습처럼 느껴졌기 때문이었다.

"엄마, 첼로 레슨 한 달만 쉴게요."

다음 날, 라이언은 아침 식사를 하며 엄마에게 말했다.

"아니, 왜? 너 첼로 좋아하잖아."

엄마는 깜짝 놀란 듯, 고개를 갸웃거렸다.

"한 달만요. 그동안 해야 할 일이 있어요."

"요즘 너 아르바이트 하니? 용돈 부족해?"

엄마는 걱정스러운 얼굴로 물었다.

"아, 아니에요. 거의 집안에서만 하는 일이니까 너무 걱정하지 마세요."

"그래, 네 생각이 그렇다면 레슨은 쉬어도 좋다만……."

"아참, 그리고 저녁은 샌드위치로 좀 해주세요."

"도대체 이유가 뭐니? 응?"

엄마는 여전히 걱정스러운 얼굴이었다.

"나중에 말씀드릴게요."

라이언은 엄마에게 윙크를 했다. 엄마는 섭섭함을 내비쳤지만 할 수 없었다. 쉽게 자신의 결심을 내보일 수 없다는 생각에는 변함이 없었다.

학교를 마친 뒤, 라이언은 계획했던 대로 주요 과목인 수학책을 꺼내어 풀어보기 시작했다. 잘 알지도 못하고 진도만 따라갔던 부분이 꽤 많았던 터라 복습해야 할 내용도 그만큼 많았다. 라이언은 눈앞이 깜깜했다.

'휴우, 이 많은 걸 언제 다 공부한담?'

라이언은 지금 배우고 있는 부분에서 훨씬 앞쪽으로 페이지를 넘겼다. 그리고 어느 정도 이해가 되었던 부분을 찾아, 거기에서부터 다시 차근차근 공부하기 시작했다.

큰맘 먹고 시작했지만 역시 어려웠다. 기본이 잘 되어 있어야 하는데, 중학교에 들어와 많은 시간을 공부보다는 게임에 쏟아붓다 보니 아예 기초적인 공식이나 이론도 이해되지 않는 경우가 많았다. 그럴 때마다 지난 학년의 참고 도서를 찾아 다시 공부하면서 완벽하게 이해하고 넘어가야 했다.

드디어 6시 30분이 되었다. 라이언은 시계를 보며 긴 한숨을 몰아쉬었다. 한 시간도 넘게 공부를 했지만, 책은 겨우 서너 페이지가 넘어가 있을 뿐이었다.

"으으으으……."

라이언은 머리카락을 쥐어뜯으며 괴로워했다.

'그렇지만 어떡할 거야? 누가 공부하지 말랬어? 내가 안 해놓고 괴로워해 봐야 무슨 소용이야?'

라이언은 소리 나게 책을 덮었다. 그리고 잠시 머리를 식혀볼까 하고 컴퓨터를 켰다. 바탕 화면에 남은 게임을 더블클릭하려는 순간 책상 위에 놓인 마시멜로 봉지가 눈에 보였다. 잠시 동안 생각하던 라이언은 게임을 하나도 남기지 않고 몽땅 지워버렸다. 그렇게 하고 나니, 마음이 차라리 시원해진 것을 느꼈다.

'그래. 다 날 위해서 하는 일이야. 다른 누가 아닌 날 위해서. 난 할 수 있어. 아저씨 말대로 난 대단한 아이거든.'

책 내용이 머릿속에 잘 들어오지 않을 때, 또는 정말 더 이상 한 글자도 보기 싫어 당장이라도 책을 덮고 싶을 때면 라이언은 잠깐씩 눈을 감고 이렇게 생각했다.

얼마 뒤 아래층에서 라이언을 부르는 엄마의 목소리가 들려왔다. 라이언은 기지개를 크게 쭉 켠 뒤 일어서서 계단을 내려갔다.

"뭘 하느라고 방에서 꼼짝을 안 하니?"

"혹시 또 게임하는 것 아니야?"

엄마와 아빠는 궁금해서 못 견디겠다는 표정으로 라이언에게 물었다.

"곧 알게 되실 거예요. 궁금해도 좀 참아 주세요."

라이언은 샌드위치를 집어들고는 계단을 올랐다.

"라이언, 방에 들어가서 먹으려는 거야?"

"예."

"나 원, 공부를 저렇게 열심히 하면 얼마나 좋을까?"

엄마의 말씀에 라이언은 살짝 풀이 죽었다.

'엄마도 참, 조금만 참아 주시지. 나를 좀 믿어 주시면 더 잘 할 수 있을 텐데……'

다른 때라면 라이언은 이쯤 되어서 무척 짜증을 부렸을 터였다. 그렇지만 오늘은 심호흡을 하고 침착하게 말했다.

"엄마! 마시멜로를 너무 급하게 드시려고 하면 안 돼요."

"마시멜로? 그게 무슨 말이니?"

엄마는 어깨를 으쓱하며 알 수 없다는 표정을 지었다.

방으로 들어간 라이언은 샌드위치를 우물거리며 책을 펴 놓았다. 그러고는 아까 전까지 공부했던 내용을 눈으로 대충 훑어 내려갔다.

'어라?'

정말 신기한 일이었다. 공부할 때는 머릿속이 터질 듯 복잡하기만 하고, '이걸 들여다보면 과연 내가 알 수 있을까?' 싶은 생각이 들었는데, 다시 한번 훑어보니 내용의 흐름이 눈에 들어오는 것이었다. 라이언은 자신도 모르게 환한 웃음을 지었다.

샌드위치로 저녁 식사를 마친 뒤, 라이언은 화장실에 가려다 거실에 켜져 있는 텔레비전을 슬쩍 쳐다보았다. 텔레비전에서는 요즘 한창 이슈가 되고 있는 정치인에 대한 뉴스가 나오고 있었다.

"아빠, 저 사람은 왜 저렇게 논란이 되는 거예요?"

라이언의 질문에 아빠는 조금 놀란 얼굴로 라이언을 쳐다보았다.

"왜 그러세요? 제 얼굴에 뭐 묻었어요?"

라이언이 눈을 찡긋거리며 묻자 아빠가 큰 소리로 웃었다.

"하하하, 그래 이 녀석아. 뉴스에는 관심도 없더니 웬 일이냐?"

"헤헤, 토론 수업을 준비해야 하거든요."

"허허허, 별 일이구나."

아빠는 호탕하게 웃으며 뉴스 내용에 대해 이런 저런 이야기를 들려주었다. 처음에는 무슨 말인지 잘 몰랐던 라이언도 같은 이야기를 두 번, 세 번 들으니 쉽게 이해되었다. 아빠는 그 외에도 여러 시사 문제를 알려주었다.

그러는 동안 한 시간이 금방 지나갔다. 라이언은 방으로 들어가 오늘 공부했던 내용을 한 번 살펴보고 내일 공부할 부분을 들춰 보았다.

'내일은 더 많이 해야지.'

12시가 되어서야 라이언은 잠자리에 들 수 있었다. 늦은 시간이라 무척 피곤하긴 했지만 마음속에 무언가를 가득 채운 것 같아 뿌듯하기만 했다.

다음 날, 라이언은 6시 30분에 정확히 눈을 떴다. 아직 알람이 울리지도 않은 시간이었다.

"역시 인간은 의지의 동물이야."

라이언은 신기하다는 듯 소리도 나지 않는 알람을 눌러 끄며 중얼거렸다.

라이언은 수프와 샐러드로 가볍게 아침 식사를 하고 학교로 향했다. 오늘은 첫 수업이 수학이었다.

"아우! 수학 지겨워!"

"지겹다는 거 보니까 수업 시간에 듣기는 하는 모양이군. 난 아예 듣지도 않는데."

"너희는 수업 시간에 눈 뜨고 있으니까 꼭 아이비리그 가라. 난 그냥 잠이나 자련다."

책을 펼치며 몇 명이 떠들어댔다. 곧 선생님이 들어오고, 수업이 시작되었다. 문제 풀이가 시작되자 아이들 중 몇몇은 지루하다는 듯 펜으로 책을 툭툭 쳐댔다.

그런데 수업이 진행될수록 라이언의 얼굴은 점점 붉어지기 시작했다. 분명 어제 공부한 내용과 오늘 수업 내용이 같은 것은 아니었는데, 선생님의 말씀이 조금씩 귀에 들어오기 시작하는 것이었다. 라이언의 가슴은 방망이질을 치고 있었다.

그날 수업을 마친 뒤 라이언은 급히 찰리 집을 찾았다. 찰리는 낮잠을 자다 나온 듯 부스스한 모습이었다.

"아함, 라이언, 어제 내가 밤을 좀 샜거든. 그나저나 무슨 일이냐? 가방도 내려놓지 않고 우리 집으로 달려오다니?"

"아저씨, 정말 이상한 일이 벌어졌어요!"

라이언은 수업 시간에 있었던 일을 찰리에게 침을 튀겨가며 떠벌이기 시작했다.

"흠, 이제 시작이구나. 그렇지만 라이언, 명심해야 할 게 있어. 마시멜로는 쉽게 네 손에 쥐어지는 것이 아니란다. 성급하게 생각하면 안 돼."

"네, 그럴게요. 하지만 처음 느껴보는 거라 너무 기뻐서요."

현관문에 선 채 찰리와 대화를 나누던 라이언은 집으로 들어갔다. 그러고는 책상에 앉아 수학책을 꺼냈다.

'기분 참 좋다. 이게 공부하는 재미라는 건가? 공부 잘하는 아이들이 그런 말을 할 땐 전혀 이해할 수 없었는데…….'

라이언은 어제 마무리한 부분을 찾아내 한 번 더 읽어본 뒤, 오늘 공부를 시작했다. 물론 공부 잘하는 친구들보다는 많이 늦은 시작이겠지만 상관없었다. 대신 그 친구들보다 두 배, 세 배로 더 열심히 달리면 되니까…….

그렇게 일주일이 지났다. 물론 일주일 동안 계획했던 주요 과목의 공부를 마친 것은 아니었다. 그러기에는 시간이 많이 부족했다. 그렇지만 라이언은 그 어느 때보다 열심히 공부했고 후회도 남지 않았다.

"아저씨, 이제 시험 때까지는 딱 2주 남았어요. 그동안은 뭘 해야 하나요?"

찰리는 라이언이 공부한 내용들을 살펴보았다.

"흠, 아직 진도를 못 따라잡은 부분이 많지? 뭐, 그럴 수밖에 없을 거다. 네가 공부를 어지간히 안 했어야지."

"아저씨도 참……."

라이언은 머리를 긁적였다.

"저어, 제 생각엔 아직 공부를 다 한 건 아니지만 오늘부터 문제집을 풀어볼까 해요. 문제집 풀면서 머릿속 내용을 정리할 거예요."

"네가 정말 마음을 단단히 먹었구나? 스스로 방법을 다 찾아내고 말이야."

찰리가 웃으며 말을 이었다.

"그래. 아주 좋은 방법이야. 너도 알겠지만 문제집을 풀다가도 틀린 문제가 있으면 그 이유를 꼭 찾아보도록 해라. 그리고 소위 '찍는'고 하는 것 있지? 그런 문제가 있으면 틀린 이유뿐 아니라, 그 문제와 연결되는 모든 개념을 통째로 공부하도록 해."

"찍는 문제가 한두 개가 아닌데……."

"지난 일주일 동안 열심히 했으면 아마 전보다는 더 잘할 수 있을 거야. 만약 문제를 풀었는데도 예전과 다를 게 없었다면 그건 네가 공부를 제대로 하지 않은 거란다."

"예."

"그렇게 해서 네가 전보다 더 많은 문제를 풀 수 있었다면, 그걸 바탕으로 목표 점수를 한번 정해보도록 해. 막연하게 '시험을 잘 쳐야겠다' 라고 생각할 때보다 더 의욕이 생길 테니까 말이야."

라이언은 조금은 걱정스러운 얼굴로 고개를 끄덕였다.

라이언은 집으로 돌아와 그동안 쳐다보지도 않았던 문제집을 펼쳤다. 도대체 얼마 동안이나 문제집에 손도 대지 않았는지, 먼지가 뽀얗게 쌓여 있었다.

라이언은 먼지를 스윽 닦아낸 뒤, 한 문제씩 차근히 풀기 시작했다. 일주일 동안 워낙 열심히 공부한 덕에 소위 '반타작' 하던 전보다는 훨씬 많은 문제를 맞힐 수 있었다. 그리고 찰리가 말한 대로 틀린 문제를 찾아 빈 노트에 정리를 하기 시작했다.

"하하, 아귀가 척척 들어맞네."

역시 이전에 흘려 보았던 부분, 제대로 읽어보지 않았던 부분에서 틀린 문제가 많았다. 이렇게 정리하고 보니, 중간 중간 이가 빠져 있는 내용의 흐름이 한 줄기로 가닥이 잡혔다.

오늘은 텔레비전도 보지 않은 채 몇 시간을 내리 문제집을 푸는 데 보냈다. 한참 문제를 들여다보다 고개를 들었을 때, 머리가 띵한 것이 느껴질 정도였다.

"아! 공부 너무 세게 했다!"

라이언은 팔을 들어 어깨를 빙빙 돌려 보았다. 그리고 목표 점수를 평균 75점대로 정해 보았다. 공부를 잘하는 친구들이 들으면 웃겨서 뒤로 넘어갈 점수겠지만, 라이언에게는 아니었다. 지난 시험에서 라이언은 평균 60점도 턱걸이로 올라섰었으니까…….

차마 어디 적어놓기엔 부끄러워서, 마음속으로만 목표 점수를 되뇌던 라이언은 시험 성적표를 받아들고 기뻐하는 자신의 모습을 상상해 보았다. 정말이지 생각만으로도 무척 짜릿한 일이었다.

성공은 작은 노력들이 모여서 이루어진다

 드디어 시험 날이 다가왔다. 라이언은 자신의 계획에 따라 일주일은 주요 과목 공부, 또 일주일은 문제집 풀이, 나머지 일주일은 암기 과목과 요점정리 위주로 공부했다. 물론 탐구 수행이나 깊이 있는 서술식 문제에 대한 대비가 많이 부족하긴 했지만, 하는 수 없었다. 어차피 시험이 이번에만 있는 것은 아니니까, 차근차근 준비하면 다음엔 더 좋은 성적을 낼 수 있을 거란 희망도 생겼다.

시험지를 받아 든 라이언은 어느 때보다 신중하게 문제를 읽으며 한 문제씩 풀어나갔다. 그렇게 시험이 끝나자 아이들은 한숨을 쉬거나 함성을 질렀다. 시험이 끝나면 언제나 볼 수 있는 광경이었다.

"시험 잘 봤니?"

알렉스가 라이언에게 다가와 물었다.

"그렇지, 뭐."

라이언은 애써 태연하게 대답했다.

"아까 슬쩍 보니까 너 뭔가 문제를 푸는 듯한 모양새를 하고 있던데?"

"그럼, 시험지가 눈앞에 있는데 당연히 문제를 풀어야지."

"헉! 너 라이언 아니지? 정체를 밝혀랏!"

"안 웃겨."

"하여튼 너 요즘 진짜 이상해. 너 원래 시험 볼 땐 끝나기도 전에 잤어. 기억 안 나?"

"기억 나."

"근데 아무래도 이상해. 요 근래에 뭐 이상한 약 같은 거 먹은 거 아니냐?"

"야야, 얼른 집에나 가자."

밖에는 비가 부슬부슬 내리고 있었다. 알렉스는 시험이 끝났으니 부모님을 도와드리러 가게로 간다고 했다. 라이언은 그런 알렉스를 보며 참 괜찮은 녀석이라는 생각이 들었다.

집으로 돌아오면서 우산에 부딪치는 빗방울 소리가 마치 음
악 소리처럼 경쾌하게 들렸다.

"라이언, 시험은 어땠어?"

"성적표 나오면 아실 거예요."

"이번 성적표 나온 뒤엔 엄마랑 아빠가 이틀 동안 한숨 쉬
는 일만 없었으면 좋겠구나."

라이언은 빙긋 웃어 보이며 방으로 들어가 침대에 벌렁 누
웠다. 어제 새벽 두 시가 넘도록 마무리 공부를 한데다가 한
달 동안의 긴장이 풀린 탓인지 졸음이 한꺼번에 밀려왔다.
라이언은 밖에서 들려오는 빗소리를 자장가 삼아 낮잠을 자
기 시작했다.

"으어어억!"

두어 시간쯤 지났을까? 라이언은 침대에서 벌떡 일어났
다. 낮잠을 자는 동안 라이언은 모든 과목에 50점 이하를 받
는 꿈을 꾸었다.

"뭐 이런 꿈을 다 꾸는 거지?"

라이언은 놀란 가슴을 쓸어내리며 책상에 앉았다. 그리고
왠지 찜찜한 기분에 오늘 시험에 나왔던 문제들을 하나씩 살
펴보기 시작했다. 다행히 이미 공부한 부분에서는 틀린 문제

가 거의 없었다. 그렇지만 시간이 부족해 공부하지 못한 부분에서는 맞는 문제도 별로 없었다.

"그러게 공부는 원래 평소에 해야 되는 거라니까. 지금까지 찍는 실력만 믿고 있었으니 성적이 그 모양이었지."

라이언은 스트레칭을 했다. 그리고 마음을 편하게 먹기로 했다.

드디어 성적표가 나오는 날이 되었다. 성적표를 손에 받아 쥐기까지 라이언의 가슴은 부풀었다가 쪼그라들기를 반복했다. 그리고 마침내 성적표를 받아든 라이언은 저도 모르게 탄성을 질렀다. 목표로 삼았던 75점대까지는 아니었지만, 지난 번 시험보다 평균 10점씩은 뛰어오른 점수였다. 라이언이 성적표를 뚫어져라 쳐다보면서 '와우!'를 연발하자 궁금해진 아이들이 우르르 몰려왔다.

"우와! 라이언, 너 올랐나보다?"

알렉스를 비롯해 많은 아이들이 라이언에게 부러움과 질투의 눈빛을 보냈다.

"너 혹시 과외 수업 받는 거 아니야? 그 아저씨한테?"

알렉스는 라이언을 살짝 흘겨보며 의심스럽다는 듯 물었다.

"과외? 그건 아닌데."

"그럼 어떻게 한 거야? 나도 좀 알려주라."

"음, 그냥 열심히!"

라이언은 왠지 자세한 이야기를 해주고 싶지 않은 탓에 이렇게 얼버무리고 말았다. 알렉스는 '쳇!' 하는 소리를 내며 자기 자리로 돌아가 앉았다.

"아니, 라이언, 이거 네 성적표 맞는 거지?"

"여보, 라이언이 공부를 안 하긴 했지만 거짓말하는 아이는 아니잖아요?"

그날 저녁, 라이언의 성적표를 확인한 부모님은 크게 입을 벌렸다.

"라이언, 우리 아들, 정말 장하다."

아빠는 라이언을 껴안고 얼굴을 비볐다.

"아, 아빠, 따가워요."

라이언은 아빠를 억지로 떼어내다시피 하며 말했다.

"아직은 좀 많이 모자라지만 다음엔 더 열심히 할 거예요."

라이언이 말하자 아빠가 라이언의 머리를 마구 헝클어뜨렸다.

"제발, 제발 좀 부탁이다. 아빠도 엄마가 너한테 잔소리하는 거 듣기 싫거든."

"그래도 저만 하시겠어요?"

아빠와 라이언은 서로의 얼굴을 쳐다보며 큰 소리로 웃었다.

다음 날, 라이언은 수업이 끝난 뒤 찰리를 찾아갔다.

"아저씨, 성적 많이 올랐어요. 헤헤, 다 아저씨 덕분이에요."

"하하하, 그렇다니 다행이다. 그런데 이번에 공부하면서 뭐 느낀 것 없었니?"

"있죠. 너무 당연한 거지만, 평소에 열심히 해야 한다는 것!"

"그래. 그게 바로 내가 하고 싶었던 이야기야. 앞으로도 계속 이어갔으면 좋겠구나. 알았지?"

"네. 그런데 성적이 오르니까 고민도 생겼어요."

라이언은 학교에서 알렉스와 있었던 일을 이야기했다.

"알렉스가 자꾸 절 의심해요. 혼자서 도대체 뭘 어떻게 했기에 성적이 저렇게 올랐나 하고 말예요."

라이언의 말에 찰리가 호탕하게 웃으며 말했다.

"그게 뭐 대단한 비밀이라고 숨기니? '난 이렇게 공부했다.' 하고 알려주면 되지."

"아저씨, 알렉스는 좋은 친구이긴 하지만, 따지고 보면 경쟁자예요. 경쟁자에게 비밀 기술을 알려줄 순 없잖아요."

"에그, 라이언, 내 말 잘 들어 봐라."

내가 아는 것을 나누다

시사주간지 〈타임〉을 발간했던 '타임사'의 헨리 루스는 1930년에 경제경영 전문 잡지인 〈포춘〉을 창간했다. 창간 당시에는 별 인기를 끌지 못했던 〈포춘〉은 이후 발간 시기를 조정하고, 인기 있는 콘텐츠를 개발하여 시간이 흐른 뒤 큰 인기를 끌었다.

〈포춘〉이 인기를 끌 수 있었던 이유는 바로 정보의 공유 덕분이었다. 그 당시만 해도 많은 기업들은 주먹구구식으로 경영을 했고, 개인들은 재산을 늘리는 다양한 방법에 대해 잘 알지 못했다. 그런 기업과 개인에게 중요한 경제 정보를 나누어주는 일을 바로 〈포춘〉이 해낸 것이다. 이후 〈포춘〉은 경제경영 잡지의 최고봉에 올랐고, 많은 사람들은 〈타임〉의 창간보다 〈포춘〉의 창간을 훨씬 의미 있는 일로 인정하고 있다.

"물론 경쟁자에게 정보를 알려주기 싫어하는 마음은 이해해. 그렇지만 모든 사람들이 같은 정보를 똑같이 이용하는 것은 아니란다. 〈포춘〉이 그렇게 훌륭한 잡지임에도 불구하고, 그 잡지를 구독하는 사람들이 모두 몇 백억 대 부자가 된 건 아니잖니?"

"그러면 제가 공부 방법을 알려주어도 알렉스의 성적이 오르지 않을 수도 있다는 뜻인가요?"

"흠, 그건 좀 대답하기 어려운 질문이구나. 알렉스가 공부를 얼마나 열심히 하는 아이인지도 잘 모르겠고 말이야. 그렇지만 확실한 건 있어. 적어도 넌 알렉스에게 치사하고 쪼잔한 친구가 되지는 않을 것이라는 점이지."

라이언은 고개를 끄덕였다. 이런 일로 친구에게 믿음을 잃고 싶진 않았다.

"지금까지 내가 한 말이 무슨 뜻인지 알겠지? 아, 그리고 내일은 같이 도서관에 갈 거니? 시험 친다고 인물 파일 만드는 것, 거의 못했잖아."

찰리는 손을 탁탁 치며 자리에서 일어섰다.

"네. 알겠어요. 그리고 알렉스에게는 이야기를 해주어야 겠어요."

라이언도 자리에서 일어서며 말했다.

"저는 이만 가볼게요. 공부해야 하거든요."

"시험 기간도 아닌데 네가 그런 말 하니까 무척 이상하다."

찰리가 짓궂게 웃었다.

"헤헤헤, 오늘은 시험 공부할 건 아니고요, 제 미래를 위한 공부라고 해두죠."

"녀석, 그래 그럼 내일 보자."

"네."

라이언은 콧노래를 흥얼거리며 현관문을 들어섰다. 그리고 방으로 들어가 영화 동아리 친구에게서 빌려온 DVD 두 편을 이어서 보았다. 영화를 보면서도 아무 걱정을 하지 않는다는 것, 얼마 만에 누려보는 평화인지 몰랐다.

다음 날, 라이언은 학교에 가자마자 알렉스에게 다가갔다.

"무슨 일이셔? 혼자 공부 열심히 하셔야지."

알렉스는 어제 라이언의 태도에 조금 서운해 하는 것 같았다.

"알렉스, 내가 말이야."

알렉스는 보던 잡지책을 내려놓고 라이언의 얼굴을 쳐다보았다.

"응, 뭐?"

"너한테 공부 비법을 알려주려고 하는데……."

"정말?"

라이언은 고개를 끄덕였다.

"그거 뭐 진짜 일급 비법이라서 가르쳐주지도 않고 어물쩍 넘어가려던 것 아니었어?"

알렉스의 말투에는 섭섭함과 궁금함이 섞여 있었다.

"왜 이러셔? 누가 뭐래도 우린 베스트프렌드잖아."

"아이고, 누가 그래? 우리가 베프라고?"

"아니었어?"

"흠, 뭐 그렇다고 해두지."

라이언은 자리에서 벌떡 일어섰다.

"별로 안 궁금한 모양이구나. 그럼 난 이만……."

"야! 이런 법이 어디 있어? 가르쳐준다고 했으면 가르쳐줘야지. 베프."

알렉스와 라이언은 함께 웃었다. 그러고는 라이언이 비밀을 말하듯 낮은 소리로 말했다.

"그게 말이지, 옆집 아저씨가 알려주신 건데……."

라이언은 알렉스에게 자신이 공부한 방법을 최대한 자세하게 이야기해 주었다. 알렉스는 눈을 초롱초롱 빛내며 라이언의 이야기를 듣더니 이내 피식 웃으며 말했다.

"그거 누구나 다 아는 방법이잖아. 공부 계획을 세우고, 단계에 맞게 차근차근 한다. 그걸 비밀이라고 숨겼던 거야?"

"누구나 다 알지만, 누구나 다 실천하는 건 아니지."

"흠……."

알렉스는 턱을 괸 채 심각한 표정을 지었다.

"난 비법 다 전수한 거다! 못 믿겠으면 한번 해보고 나서 말해. 하면 할수록 문제 풀기도 쉬워지고, 선생님 말씀도 귀에 쏙쏙 들어온다니까!"

라이언은 신이 나서 떠들어대자 알렉스가 라이언의 입을 막았다.

"쉿! 조용해. 다른 아이들이 들으면 곤란하잖아."

"왜?"

"그런 건 너하고 나만 알고 있어야지. 안 그래?"

알렉스가 주변 아이들의 눈치를 과장되게 살피면서 장난스럽게 말했다. 라이언은 '풉' 하고 웃음이 터져 나왔다.

"나중에 너희 옆집 아저씨, 나한테도 좀 소개해 주라. 엄청 궁금해."

"아, 그렇다면 좀 있다 수업 마치고 같이 도서관 갈래? 아저씨랑 도서관에 가기로 약속을 했거든."

"그래? 좋아."

라이언은 자리로 돌아왔다. 알렉스의 환히 웃는 얼굴을 다시 보게 되어 다행이라는 생각이 들었다.

수업을 마친 뒤 라이언은 알렉스와 함께 찰리의 집으로 향했다. 찰리는 이미 도서관에 갈 준비를 마치고, 차 열쇠를 빙빙 돌리며 기다리고 있었다.

"아저씨, 이 친구가 알렉스예요."

라이언은 찰리에게 알렉스를 소개했다.

"알렉스? 이름을 너무 많이 들어서 꼭 몇 년 동안 알고 지낸 사이 같구나. 정말 반갑다."

"저도 이야기 많이 들었어요. 반가워요, 아저씨."

셋은 나란히 차를 타고 도서관을 향했다.

"그나저나 부모님께 이야기들은 하고 온 거야?"

"아까 학교에서 전화 드렸어요."

"그래, 잘했구나. 알렉스는 이번 시험 잘 봤니?"

"그냥 그랬어요. 이번 시험은 라이언이 아주 잘 봤죠. 아저씨만 아니었음 저는 꼴찌하고 친구할 수도 있었는데 말예요."

라이언은 갑자기 얼굴이 새빨개졌다.

"쯧쯧, 라이언, 너 그렇게 공부를 못했니?"

"야, 알렉스, 아저씨는 내 성적을 모르신단 말이야."

라이언은 알렉스를 쳐다보며 곤혹스러운 표정을 지었다.

"허허허허! 뭐 어떠냐? 성적이 올랐으면 됐지."

이야기를 나누는 사이, 어느새 차는 도서관에 도착했다. 찰리는 오늘은 영화를 먼저 보자며 영화 관람을 신청했다. 셋은 벤치에 앉아 음료수를 마셨다.

"알렉스는 나중에 어떤 사람이 되고 싶니?"

"제 꿈은 사진작가예요. 〈내셔널지오그래픽〉이나 〈라이프〉 같은 잡지에 사진을 실을 수 있는 작가가 되고 싶어요."

"그것 참 멋지구나. 그럼 어떤 준비를 하고 있지?"

라이언이 먼저 나서며 말했다.

"아저씨, 이 녀석이 얼마나 대단한 녀석인데요. 많지도 않은 용돈을 모아서 얼마 전에는 근사한 수동 카메라도 산 걸요?"

"오, 그래? 정말 대단하구나."

알렉스는 머리를 긁적였다.

"카메라만 좋으면 뭘 하겠어요. 사진을 잘 찍어야죠."

"용돈을 모아 수동 카메라를 살 정도로 열정이 있다면 언젠가는 당연히 좋은 사진을 찍을 수 있게 될 테지."

"요즘은 좋은 사진들 보면서 구도나 색감 정도 익히는 수준이에요. 관련된 책도 보고요. 하지만 아직도 잘 찍으려면 멀었어요."

"그래? 듣던 것보다 훨씬 훌륭한 아이구나."

찰리는 알렉스가 기특한지 따뜻한 미소를 지어 보였다.

"그런데 라이언, 넌 꿈이 뭐야? 그러고 보니까 우리 그런 이야기를 해 본 적이 별로 없네."

그때 알렉스가 고개를 돌려 라이언을 쳐다보았다. 라이언은 잠시 멈칫거렸다.

"내 꿈은……. 나중에 말해 줄게."

라이언은 슬며시 미소를 지으며 말꼬리를 흐렸다.

스피커에서 영화 상영이 시작된다는 방송이 들렸다. 셋은 자리에서 일어나 영화관을 향했다.

오늘 상영하는 영화는 2002년에 개봉되었던 「뷰티풀 마인드」였다. 이 영화는 실제 인물인 존 내쉬라는 학자의 일대기에 관한 영화였다.

존 내쉬는 미국 프린스턴 대학에서 연구를 하던 뛰어난 수학자였다. 열정을 가지고 공부하면서 그는 많은 이들로부터 찬사를 받기 시작했다. 수학계의 여러 난제들을 하나씩 해결하여 큰 명성을 쌓았던 그의 연구 방법은 '다른 사람의 이론을 참고하지 않고 나만의 독창적인 아이디어로 모든 문제를 해결한다.'는 것이었다. 그러다 보니 어느새 그는 인간적인 면모들을 잃은 채 더 큰 명성, 더 큰 찬사를 얻기 위해 연구에 지나치게 집착하는 함정에 빠지고 말았다. 그리고 끝내 정신분열증이라는 병까지 얻게 되었다.

그가 아내의 헌신적인 희생 덕에 이 병에서 벗어나기까지는 무려 30년이라는 시간이 걸렸다. 그리고 1994년 존 내쉬는 노벨 경제학상을 수상했다. 이 시상식장에서 존 내쉬는 다음과 같은 수상 소감을 밝혔다.

"나는 수학자로서 평생 인간의 지성과 논리가

갈 수 없는 한계를 도전했습니다.

나는 언제나 수(數)를 믿어 왔습니다.

하지만 무엇이 진정한 논리이며, 이성입니까?

나는 그동안 비현실 세계에 있다가 돌아왔습니다.

그리고 가장 중요한 것을 발견하였는데,

그것은 어떤 논리로도 풀 수 없는

신비한 방정식이었습니다.

바로 사랑의 방정식(formula of love)이었습니다.

사랑하는 나의 아내여,

당신은 오늘 나를 여기 있게 한 나의 존재 이유입니다."

"아저씨, 영화 정말 재미있었죠?"

라이언은 영화를 보고 나오며 흥분한 목소리로 말했다.

"그래. 많은 것을 생각하게 하는 영화였어."

"아저씨, 전 영화 보면서 마시멜로가 생각났어요."

알렉스가 옆에서 멀뚱한 얼굴로 물었다.

"마시멜로? 그건 먹는 거잖아."

"하하하, 알렉스, 마시멜로 이야기는 나중에 내가 따로 들려줄게."

라이언은 알렉스에게 눈을 찡긋한 뒤 찰리와 이야기를 나누었다.

"존 내쉬는 연구가 좋아서 연구를 했다기보다는 큰 명성을 얻기 위해 끊임없이 연구를 한 것이었잖아요. 그러다 그 속에 파묻혀서 정신병을 얻었고요. 그건 지나친 욕심으로 마시멜로를 한꺼번에 입안에 털어 넣으려고 했다가 탈이 나버린 것 아닌가요?"

"흠, 재미있는 생각이구나."

"그리고 존 내쉬의 아내는 정신분열증인 남편의 헌신적인 아내로 30년을 살아야 했어요. 그렇게 고생을 하는 동안 그 아내는 분명 '언젠가는 좋아질 거야'라는 희망을 가졌겠지요? 그러니 나중에 자신에게 다가올 마시멜로를 위해, 현재의 고생과 고통을 감수할 수 있었던 것이잖아요. 어휴, 저라면 아마 마시멜로고 뭐고 훌쩍 도망쳐버렸을 거예요."

"그래, 그것 역시 재미있는 비유야. 그런데 말이지 한 가지 놓친 게 있구나."

"그게 뭐예요?"

"정신분열증에서 회복된 뒤의 그의 모습 말이야. 만일 네가 존 내쉬였다면 정신분열증으로 잃어버린 30년의 시간을 어떻게 되돌릴 수 있었겠니?"

라이언은 고개를 가로저었다.

"아마 보통 사람들이라면 '난 이제 안 될 거야' 라고 생각하며 좌절했을 거야. 그렇지?"

라이언과 알렉스가 동시에 고개를 끄덕였다.

"그렇지만 존 내쉬는 절망 대신 희망을 택했지. 그래서 4~5년 후에 노벨 경제학상을 탔어. 곧 그 4~5년 동안 그는 잃어버린 30년을 모두 되찾은 거야. 그러기 위해서 그는 지난 시간에 대한 고통에서도 벗어나야 했고, 또 잃어버린 시간 동안 하지 못했던 연구를 더 열정적으로 해야 했지."

"아, 무슨 말씀인지 알겠어요. 쉽게 좌절하는 것 역시 마시멜로를 성급하게 먹어치우는 거죠?"

찰리는 고개를 끄덕였다.

"어떤 꿈이든, 자신의 꿈을 펼치는 사람들은 쉽게 좌절하거나 용기를 잃지 않는단다. 나도 그렇잖니? 전에도 이야기했지만, 내가 꿈을 갖게 되지 않았다면 아마 지금도 하루하루를 무의미하게 보내는 운전기사로 만족했을 거라고……."

라이언은 고개를 끄덕였다.

"자, 오늘은 영화도 보고 했으니 공부도 더 열심히 해야겠구나. 그럼 난 이만 들어가마."

찰리는 손을 흔들고 열람실로 들어갔다. 라이언도 따라 열람실을 향하는데 갑자기 알렉스가 옷깃을 붙잡았다.

"라이언, 나 그 얘기 들려줘야지. 마시멜로……."

"아, 그렇지."

라이언은 알렉스와 함께 도서관 밖 정원에 있는 벤치에 자리를 잡았다. 그러고는 찰리에게서 들었던 마시멜로 이야기를 차분하게 전했다.

"이야, 정말 흥미로운 이야기야."

"그래. 그런데 말이지, 난 너를 보면서 그 이야기를 다시 떠올릴 때가 꽤 많았어."

"그래? 언제?"

"넌 게임을 하면서도 시간이나 돈을 헛되게 쓰지 않았잖아. 난 사실 게임 때문에 너무 많은 것을 잃어버렸거든. 그리고 네가 수동 카메라를 들고 나타났을 때, 정말 난 충격을 받았어. 너보다 용돈도 많이 받는데도 너처럼 용돈을 모을 생각은 하지 못했거든. 게다가 넌 미래를 위해서 지금부터 준비를 하고 있잖아.”

“미래 이야기가 나왔으니까 말인데, 넌 나중에 무슨 일을 하고 싶어?”

라이언은 알렉스의 질문에 머뭇거리며 대답하지 못했다.

“쳇, 난 다 말했는데…….”

알렉스가 못내 서운한 표정으로 말끝을 흐렸다.

“숨기고 싶어서 그러는 건 아니야. 다만, 무서워서 그런 거야.”

“뭐가 무서워?”

“비웃을까 봐.”

“야, 그럼 혹시 너 내가 사진작가 된다고 했을 때 마음속으로 비웃었던 거 아니야?”

“아냐, 절대!”

라이언은 손을 내저었다.

“그런데 왜 넌 그런 걱정을 해? 설령 네가 대통령이 된다고 해도 난 비웃지 않을 거야. 아무리 대단한 사람이라도 남의 꿈에 대해 비웃을 자격은 없다고 생각해.”

알렉스는 진지한 목소리로 말했다.

"내 꿈은, 내 꿈은 말이야……."

알렉스는 더 이상 채근하지 않고 조용히 기다렸다.

"내 꿈은 영화감독이야."

"우와! 멋지다! 맞아, 너 영화 엄청 좋아하잖아."

알렉스의 얼굴에 환한 웃음이 번졌다.

"사실은 공부를 해야겠다고 마음먹은 것도 그것 때문이었어. 당장의 성적이 문제가 아니라, 너도 알겠지만 전문적으로 영화에 대해 공부하지 않고 영화감독으로 성공하기는 힘들잖아. 그리고 전문적으로 공부를 하려면 아무래도 대학에 가야 하고 말이야. 대학에 가려면 내 성적으로는 어림도 없으니까."

"그래서 영화학과 쪽으로 가려고 생각 중인 거야?"

라이언은 고개를 끄덕였다.

"그렇구나."

"넌 이미 사진학과로 마음 굳힌 거지?"

알렉스는 고개를 절레절레 저었다.

"사진학과도 좋은데, 나 다음 달부터 그림을 좀 배워볼 생각이야."

"그림은 왜? 사진작가의 꿈은 어쩌고?"

"사진작가의 꿈을 버리는 건 절대 아니야. 내가 요즘 전시회를 다녀 보니까 의외로 사진작가들 중에서 미술을 전공한 사람들이 꽤 많더라. 그래서 좀 오래 생각을 해봤는데, 아무래도 사진 하나만 파고드는 것보다는, 그림을 배우면서 다양한 구도나 색감을 익혀볼 필요가 있겠더라고. 뭐, 그러다가 의외로 내가 미술에 천재적인 감각이 있었다는 사실이라도 밝혀진다면 화가가 될 수도 있겠지?"

"뭐? 꿈도 야무지다."

"하하, 하여튼, 오늘 마시멜로 이야기는 정말 재미있었어. 고마워. 그럼 난 이만 간다."

알렉스가 가방을 어깨에 걸치며 손을 흔들었다. 라이언은 알렉스를 보낸 뒤 서고에 갔다. 그리고 수많은 책들 속을 서성이다 아주 낡은 만화책 한 권을 발견했다.

'이야, 재미있겠다.'

라이언은 가까운 의자에 앉아 책을 들춰보기 시작했다. 미키마우스가 등장하는 만화였는데, 이상한 느낌이 들었다. 라이언이 알고 있는 미키마우스와는 생김새가 조금 달랐다.

고개를 갸웃거리던 라이언은 바로 컴퓨터실로 향했다. 그러고는 곧장 자리를 잡고 인터넷으로 월트 디즈니를 검색해

보았다. 라이언은 그중 문서 하나를 골라 열었다. 거기에는 월트 디즈니의 일대기가 간략하게 정리되어 있었다.

'월트 디즈니는 시카고 부근의 농장에서 태어나 어린 시절부터 아버지를 도와 힘든 농사일을 해야만 했다. 그림 그리는 것을 유난히 좋아했던 월트 디즈니는 종이와 연필이 없어 석탄 조각으로 휴지에 그림을 그려야 했을 정도로 가난했다.

만화가의 길을 걷기 시작한 월트 디즈니는 가난한 무명 생활을 해야만 했고, 살던 집에서 쫓겨나 공원에 움막을 쳐놓고 그림을 그리기도 했다. 그러다 어느 날 열심히 일하는 생쥐의 모습을 보고 영감을 받아 그린 그림이 바로 지금의 미키마우스가 된 것이다.'

그러고 보니 라이언이 아까 봤던 미키마우스는 월트 디즈니가 처음 그렸다는 모티머마우스와 비슷했다. 이후에 모티머마우스는 아내의 조언으로 이름도 미키마우스로 바뀌고, 그 모양도 조금 더 세련되어졌다고 했다. 라이언은 한참 동안이나 문서창을 닫지 못하고 멍하니 앉아 있었다.

'난 일을 해야 하는 것도 아니고 월트 디즈니처럼 가난하지도 않아. 그런데 난 내 꿈에 대해 진지하게 생각해 본 적이 별로 없었구나.'

라이언은 모니터를 쳐다보며 생각에 잠겼다. 그렇지만 아무리 생각해도 뚜렷한 답은 없었다. 라이언은 월트 디즈니에 대한 여러 가지 내용을 정리하기 시작했다. 그리고 맨 마지막에 이렇게 써 두었다.

'하고 싶은 일이 있다면 자신의 환경에 굴하지 않고 열정적으로 매달려야 한다.'

라이언은 정리한 내용을 열람실에 있는 찰리에게 전하고는 집으로 돌아왔다. 침대에 가방을 던지고 털썩 주저앉은 라이언은 스스로 하나의 언덕을 넘어선 것 같은 기분이 들었다.

미래의 성공한 나를
상상하며 행동하라

 "라이언, 조사한 인물이 벌써 9명이나 되는구나. 아주 수고했어."

수업을 마치고 집에 와 있던 라이언은 찰리의 전화를 받고 찰리의 집으로 달려갔다. 그러자 찰리는 라이언에게 봉투를 하나 건넸다. 봉투를 열어 보니 100달러가 들어 있었다. 라이언은 깜짝 놀랐다.

"엇, 아저씨, 이렇게 많이 주셔도 돼요? 아저씨는 돈도 안 벌잖아요."

"하하하, 녀석도 참, 네가 그만큼 가치 있는 일을 해줬으니까 당연히 대가를 지불해야지. 그리고 내가 돈을 안 번다는 건 어디서 들은 헛소문이냐?"

"그럼 아저씨 돈 버세요? 매일 도서관에 다니는 대학생이 일은 언제 하세요?"

찰리는 어안이 벙벙한 라이언을 보며 미소를 지었다.

"재작년에 대학 가겠다고 마음먹으면서 난 여러 가지 생각을 했단다. 무엇보다 공부를 하면 돈벌이를 하지 못할 것만 같았지. 그래서 공부를 하면서도 할 수 있는 일을 찾기 시작했어. 바로 야구 카드 온라인 중개상 일이었지."

찰리는 서랍에서 야구 카드를 한 장 꺼내 보여주며 말했다.

"내가 한때 야구 카드 수집광이었거든. 그런데 대학교 입학 준비를 하면서 그 야구 카드를 몽땅 팔아버렸단다."

"우와! 제가 게임 아이템을 팔아버린 거랑 비슷하네요."

"하하하, 그런가? 야구 카드를 팔아버리고 나서 곰곰이 생각해 보니까 나는 야구 카드보다 그걸 수집하는 걸 더 즐기고 있었다는 생각이 들더구나."

찰리의 이야기를 듣던 라이언이 고개를 끄덕였다.

"그래서 즐거움을 잃지 않으면서 야구 카드를 사는 데 쓸데없이 낭비도 하지 않고, 거기에 심지어 돈까지 벌 수 있는 일이 뭐가 있을까 고민하다 보니까……."

"야구 카드 온라인 거래 중개인을 하게 되신 거군요?"

"그렇지. 물론 큰돈을 버는 일은 아니지만, 너에게 일한 값 정도는 충분히 벌 수 있고 말이야. 그나저나 이 용돈은 어디에 쓸 참이니?"

"음, 다 생각이 있어요."

"그래? 그것도 비밀인 모양이구나. 뭔지는 모르지만 너의 꿈을 위한 투자라고 믿어두지. 그나저나 내가 부탁한 일이 힘들지는 않았니?"

라이언은 찰리의 질문에 잠깐 동안 생각하다 대답했다.

"솔직히 처음엔 정말 하기 싫었거든요. 그런데 지금은 좀 달라졌어요."

"어떻게?"

"저에게 많은 도움이 되는 것 같았어요. 그 사람들이 어떻게 성공했는지 알아보는 것도 의미 있었고요."

찰리는 라이언의 말에 고개를 끄덕였다.

"그렇다니 다행이구나. 그래, 그중에서 네 인생의 모델이 될 만한 사람은 찾아냈니?"

"다들 훌륭한 분들이지만, 제 인생의 모델은 못 찾았어요. 제가 하고 싶은 분야에 대한 인물은 찾아보지 않았거든요."

찰리는 한 손으로 턱을 괴고 물었다.

"기왕에 말이 나왔으니까 말인데, 도대체 네가 하고 싶은 일이라는 게 뭐니? 뭐길래 그렇게 꽁꽁 숨겨두는 거야?"

라이언은 한참 동안 생각을 하더니 무슨 결심이라도 한 듯 입을 열었다.

"전 영화감독이 되는 게 꿈이에요."

"영화감독? 그거 아주 멋진 일이지. 그런데 그게 그렇게 숨길 일이었니?"

찰리는 고개를 갸웃거렸다.

"숨긴 게 아니었어요. 비웃음이나 무시를 당할까 봐 무서워서 말을 못했던 거였어요."

"저런. 만약 누구라도 네 꿈을 비웃는다면, 그건 네가 아니라 그 사람이 문제가 있는 사람일 텐데? 또 그럴수록 더 멋지게 꿈을 이루어내겠다고 다짐해야지."

"그래서 내 꿈을 더 당당하게 인정받기 위한 방법을 생각해 봤어요. 일단 용돈을 모아서 디지털 캠코더를 사려고 해요."

"멋진 생각인데? 그런데 캠코더 말고, 영화감독이 되기 위해서는 어떤 준비를 하고 있니?"

"영화를 많이 보죠. 아저씨도 아시잖아요."

"그게 네 꿈을 이루는 데 큰 도움이 되는 거니?"

"글쎄, 그렇지 않을까요?"

찰리는 라이언의 얼굴을 똑바로 쳐다보며 말했다.

"이것 봐. 네가 하고 싶은 일에 너 스스로 확신을 못 가지면 어떡하니? 넌 꿈에 대해 더 구체적으로 성찰을 해봐야겠다."

라이언은 고개를 끄덕였다.

"그러지 않아도 얼마 전부터 그런 생각을 했어요. 그렇지만 아직도 잘 모르겠어요. 제가 무엇부터 해야 하는지……."

"그래, 아직 시간은 많으니까, 지금부터 천천히 생각해 봐도 절대 늦지 않아."

찰리는 라이언의 어깨를 다독여주었다.

다음 날 라이언은 수업을 마치고 한동안 쉬었던 첼로 레슨을 받으러 갔다. 첼로 레슨은 라이언이 무엇인가를 배워야겠다고 유일하게 마음먹고 엄마를 조른 것이었다. 라이언이 첼로를 배우겠다고 결심하게 된 것은 바로 영화 때문이었다. 영화 「마스터 앤드 커맨더」의 주제가였던 바흐의 「무반주 첼로 모음곡」을 듣고 나서, 그 묵직한 중저음의 악기 소리가 형용할 수 없는 감동을 주었다.

첼로 레슨이 끝난 뒤, 집으로 들어서는 라이언을 찰리가 큰 소리로 불렀다.

"라이언! 오늘 과제 많니?"

라이언은 고개를 저어 보였다.

"그럼 오랜만에 농구 한 게임 할까?"

"좋아요!"

찰리는 집으로 들어가더니 반지르르 윤이 나는 새 농구공을 들고 나왔다.

"너랑 자주 농구하려고 하나 샀단다. 멋지지?"

찰리와 라이언은 공원에 있는 농구대로 갔다. 마침 오늘은 사람도 별로 없고, 날씨도 약간 흐려서 농구하기에는 안성맞춤이었다.

라이언과 찰리는 사이좋게 한 골씩을 주고받으며 재미있게 농구를 했다. 그렇게 한 시간 가까이를 뛰고 난 뒤, 라이언과 찰리는 벤치에 앉았다.

"오랜만에 농구하니까 기분 좋지?"

"예, 속이 다 시원해요."

"그래서 말인데, 너에게 들려줄 이야기가 하나 있어."

래리 버드 이야기

길을 닦지 않는 자에게 성공의 길은 없다

래리 버드는 미국 프로농구단 보스턴 셀틱스에서 활약한 전설 같은 스타다. 하지만 정작 신인 시절, 그는 슈팅 기술 말고는 별다른 재능이 없었다. 점프력에서는 리그 전체를 통틀어 253위였고, 스피드 면에서도 146위 정도에 불과했다. 그러나 그는 오늘날 위대한 선수로 사람들의 뇌리에 선명하게 각인되어 있으며, 미국 프로농구 역사상 최고 선수 50명 가운데 한 사람으로 손꼽힌다. 은퇴한 지 오래 되었지만, 그는 여전히 많은 팬들의 사랑을 받고 있다.

래리 버드는 그의 화려한 경력만큼이나 '부지런함' 으로도 유명한 선수였다. 또 큰 재능이 없었음에도 그가 명성을 쌓을 수 있었던 데에는 그 자신만의 별난 습관이 커다란 역할을 했다.

그는 수준 이하의 팀과 경기를 할 때도 다른 선수들보다 몇 시간 전에 경기장에 나와 자신만의 '의식' 을 치르는 습관을 가지고 있었다.

그의 행동을 처음 지켜본 사람들은 대체 그가 무엇을 하는지 고개를 갸웃거리지 않을 수 없었다. 그는 곧 경기를 치를 농구 코트에서 머리를 숙인 채 혼자 천천히 공을 드리블 하면서 두세 시간 내내 코트를 이리저리 분주하게 오가곤 했다. 어느 날, 한 스포츠 전문기자가 그에게 조심스럽게 물었다.

"래리, 지금 무엇을 하고 있는 거죠?"

"보시다시피 연습을 하고 있습니다."

"제가 보기에는 단순한 몸 풀기 연습 같지는 않은데요. 고개를 푹 숙인 채 청소부처럼 코트 바닥만 살피던데……."

"네, 맞습니다. 저는 지금 코트 바닥을 유심히 살피고 있습니다."

"특별한 이유라도 있나요?"

래리는 빙긋 웃었다. 경기 전에 치르는 그 자신만의 '의식'이란 다름 아닌 코트 점검이었다. 드리블 연습도 아니고, 슈팅 연습도 아니었다. 코트 바닥에 혹시나 흠이 있는지, 있다면 어디에 어떤 형태의 흠이 있는지, 그 흠은 공을 어떤 방향으로 튀게 하는지, 코트를 미리 샅샅이 점검하고 있었던 것이다. 경기 도중에 공이 불규칙한 방향으로 튀어오를 수 있는 가능성의 지점을 꼼꼼하게 확인하는 작업이었다.

"농구 경기에서 승리는 0.1초에 달려 있습니다. 그 0.1초의 순간에 혹시라도 농구공이 다른 곳으로 튀어버린다면, 당신이 그 패배에 대한 책임을 질 건가요? 하하."

경기 도중에 결정적인 기회를 물거품으로 날려버릴지도 모를 '흠'을 점검하는 데 몇 시간쯤 할애하는 것은 당연하지 않냐는 듯한 그의 진지한 표정에서 그 기자는 말할 수 없는 감동을 받았다.

래리 버드는 언제 어느 팀과 경기하더라도 자신만의 의식을 결코 잊지 않았다. 일주일 후에 같은 곳에서 경기를 가질 때도 마찬가지였다. 일주일 남짓한 짧은 기간에도 코트 상태는 얼마든지 변할 수 있다고 그는 강조했다.

래리는 불규칙 바운드 때문에 패배했다고 푸념하는 사람들과 함께 하는 대신, 아무도 하지 않는 일을 끈기를 갖고 지속함으로써 누구보다 많은 승리를 거두었고, 수백만 달러의 연봉을 벌어들였다. 나아가 타고난 재능 대신 인내와 부지런함을 무기로 명예의 전당에 그 이름을 올릴 수 있었다.

"으하하하! 정말 대단하면서도 한편으로는 웃겨요. 래리 버드가 시합 전에 코트 바닥이나 살피고 다녔다는 걸 누가 믿겠어요?"

라이언은 큰 소리로 웃음을 터뜨렸다.

"라이언, 처음에 말했지만 래리 버드는 슈팅 기술 말고는 다른 재주가 별로 없던 선수였어. 그렇지만 그는 다른 사람들보다 더 열심히, 그리고 인내심을 가지고 끊임없이 노력했기 때문에 최고의 선수가 될 수 있었던 거야. 심지어 슈팅 연습도 하루에 300개씩 했다고 하지."

"우와! 300개요? 저는 300번 슈팅 연습했다가는 하루를 다 써도 모자랄 거예요."

라이언의 입은 쩍 벌어졌다.

"그리고 또 하나 중요한 건, 그가 정상에 오른 뒤에도 변치 않고 열심히 노력했다는 사실이야."

"흠, 정상에 올랐다면 그때부터는 가만히 있기만 해도 엄청난 돈을 벌 수 있었을 텐데요."

"물론이야. 그렇지만 그는 대선수가 된 이후에도 어떤 신인보다 열심히 연습에 참가했단다. 심지어 친선 경기에 출전할 때까지도 꼭 그렇게 했고 말이야."

"정말 대단한 사람이네요."

"라이언, 이 이야기를 너에게 들려주는 이유를 알겠니?"

라이언은 아무 말없이 가만히 생각해보았다.

"내가 너에게 이 이야기를 들려준 건, 꿈을 이룬 사람들은 언제나 자기만의 신념, 자기만의 방식을 가지고 있다는 말을 하고 싶었기 때문이야."

"그렇지만 아저씨, 제가 하고 싶은 일은 영화감독이에요. 운동선수처럼 열심히 연습을 한다고 해서 될 수 있는 일이 아니란 건 아저씨도 아시잖아요?"

"어떤 일을 하는 사람이든 열심히 노력해야 정상에 오를 수 있는 건 마찬가지 아니겠니? 네가 그런 질문을 할 것 같아서 다른 이야기도 하나 준비했지."

라이언은 찰리의 얼굴을 뚫어져라 쳐다보았다.

케시 베이츠 이야기
성공은 붉은 체리일 뿐

케시 베이츠는 골든 글러브, 아카데미 등 유수의 영화제에서 연기상을 휩쓴 세계적인 배우이다. 그렇지만 그녀에게 늘 영광과 환호만 따랐던 것은 아니었다.

대학에서 연극을 전공한 케시 베이츠는 졸업을 앞두고 배우의 삶과 평범한 삶 사이에서 선택의 기로에 서게 된다. 그

리고 그녀는 배우의 길을 포기하고 웨이트리스로 평범하게
살아가기로 마음먹는다.

그렇지만 그녀의 마음속에서 꿈틀거리는 배우에 대한 열
정을 가라앉힐 수는 없었다. 그녀가 처음 영화에 출연한 것
은 1971년이었다. 그러나 그 이후 그녀는 별 존재감 없는 단
역으로 머무를 수밖에 없었다.

그런 그녀가 선택한 것은 바로 연극이었다. 그녀는 15년
이라는 시간을 연극에 몰두하며 살았다. 그 15년 동안 그녀
는 모든 에너지를 연극 무대에 쏟아부으며 누구보다 열정적
으로 연기를 했다. 그런 그녀의 모습을 알아봐준 것은 바로
관객이었다.

입소문을 통해 이름을 알린 그녀는 1990년에 비로소 영화
의 주인공이 될 수 있었다. 그녀에게 아카데미 여우주연상의
영광을 안겨 준 「미저리」가 바로 그 작품이었다. 좋아하는
작가를 산장에 가두어놓고 자신이 원하는 대로 글을 쓰게 만
들었던 그녀의 연기는 관객들의 등골을 오싹하게 만들 정도
로 섬뜩했다. 그때 그녀의 나이는 40살이었다.

그렇지만 그 이후로 그녀에게 계속 그런 성공이 뒤따랐
던 것은 아니었다. 실제 그녀가 출연한 40여 편의 영화 중

그녀가 단독으로 주연을 맡았던 영화는 몇 편 되지 않았다. 언제나 그녀는 개성 있는 조연, 심지어 단역을 했던 적도 있었다.

그럴 수밖에 없었던 이유 중 하나는 외모였다. 그녀는 여배우에 어울리는 날씬한 몸매와 아름다운 얼굴의 소유자는 아니었기 때문이었다.

그 때문에 그녀는 부당한 일을 겪기도 했다. 그녀는 연극 「프랭키와 자니」에 출연한 적이 있었다. 이 연극은 극작가 테런스 맥널리가 캐시 베이츠를 위해 쓴 작품이었고, 그녀는 이 연극에서 주인공 프랭키 역을 맡아 연극계의 아카데미상이라 불리는 토니상 후보에 오르기도 했다. 그렇지만 후에 이 연극이 영화화되었을 때, 프랭키 역은 미모의 여배우 미셸 파이퍼에게 돌아갔다.

어느 날 한 기자가 그녀에게 물었다.

"20년이라는 긴 무명생활 끝에 성공하셨는데, 요즘 달라진 것이 있나요?"

그러자 그녀는 미소를 지으며 이렇게 대답했다.

"없어요. 하는 일은 언제나 똑같아요. 성공이란 하얀 케이크 위에 놓인 붉은 체리와 같아요. 오븐에 빵을 구워 케이크를 만드는 것은 아주 단순하고 평범한 일이에요. 그렇지만 조금만 더 노력을 해서 붉은 체리로 장식을 하고 나면 특별한 날에 어울리는 근사한 축하 케이크가 될 수 있잖아요? 요즘의 나는 예전과 전혀 달라진 것 없이 똑같이 일을 하지만, 붉은 체리와 같은 정점을 찍어내려 늘 노력한답니다."

지금도 그녀는 날마다 케이크를 구워내듯, 크고 작은 작품에 등장하고 있다. 그리고 매 작품마다 '열정'과 '최선'이라는 붉은 체리를 올려놓으며 작품의 완성도를 최고로 끌어올리고 있다. 그뿐 아니라 이젠 감독으로 제 2의 도전을 시작하고 있기도 하다.

비록 그녀는 남들보다 뛰어난 미모의 여배우는 아니지만, 적어도 그들만큼이나 할리우드에 영향을 끼치는 힘 있는 배우임에는 틀림없다.

라이언은 두 눈을 반짝이며 흥미롭게 이야기를 들었다.

"영화감독이 꿈이라니 케시 베이츠는 알고 있을 것 같아서 내가 찾아본 이야기야. 어때, 재미있었니?"

라이언은 고개를 끄덕였다.

"만일 케시 베이츠가 스스로 여배우에 적합한 외모가 아니라고 꿈을 버렸다면 과연 지금의 모습이 될 수 있었을까?"

라이언은 고개를 힘차게 저었다.

"그래, 그 이야기를 하고 싶었던 거야. 꿈은 말이지, 그 어떤 현실도 다 넘게 해줄 수 있단다. 너도 네 꿈을 위해서 뭔가 좀 구체적인 계획을 세우고, 실행해 보여야 하지 않겠니? 그런 모습에서 부모님도 너를 신뢰할 수 있을 테고 말이야."

"예, 잘 생각해 볼게요."

라이언이 고개를 끄덕일 때, 뒤에서 자동차 경적이 울렸다.

"라이언, 거기서 뭐하니?"

라이언은 뒤를 돌아봤다. 아빠가 공원 앞에 차를 세우고 농구대로 걸어왔다.

"엄마한테 여기 온다고 말했니?"

라이언은 아무 말도 못하고 머리만 긁적거렸다.

"아무래도 집에 들어가면 잔소리 좀 듣겠구나."

"저, 라이언 아버님, 시간이 괜찮으시면 여기 잠깐 앉아서 이야기를 나누어도 될까요?"

찰리가 조심스럽게 말했다. 아빠는 시계를 한 번 쳐다보고는 벤치에 앉으며 말했다.

"오늘 유난히 일찍 퇴근하고 싶더라니, 찰리 씨를 만나려고 그랬나 봅니다. 그럼 잠깐 앉았다 가지요, 뭐."

"하하하, 그러셨군요."

"혹시 무슨 하실 말씀이라도……."

찰리는 잠깐 생각을 한 뒤 말을 이었다.

"요즘 라이언, 어떤가요?"

아빠는 라이언의 얼굴을 쳐다보더니 이내 라이언의 머리를 쓰다듬으며 말했다.

"전과는 아주 많이 달라졌지요. 완전히 다른 아이가 된 것처럼 말이에요."

라이언은 쑥스러운 듯 웃으며 말했다.

"다 찰리 아저씨 덕분인 걸요."

"아니, 그게 왜 내 덕분이니? 너 스스로 바뀌겠다는 마음이 없으면 안 되는 거였지."

찰리는 정색을 하고 라이언을 쳐다보았다.

"이거 원 무슨 이야기인지……."

아빠는 휘둥그레진 눈으로 라이언과 찰리를 번갈아 쳐다보았다.

"하하하, 아버님, 라이언에게 거는 기대가 크시지요?"

"아무래도 자식이 하나다 보니 그럴 수밖에 없지요."

"라이언은 아주 훌륭한 아이입니다."

"라이언이요?"

찰리는 고개를 끄덕였다.

"아까 라이언이 제 덕분이라고는 했습니다만, 어른 한 명이 조언을 해준다고 거기에 무조건 따르는 아이가 어디 있겠습니까? 아버님도 청소년 시절을 겪어보셨으니 아시겠지요?"

아빠는 고개를 끄덕였다.

"라이언은 요 근래에 스스로 인생의 목표를 정하고, 그 목표를 위해 노력하겠다고 마음속으로 수십 번도 넘게 다짐을 했답니다. 혹시 눈치 채셨나요?"

아빠가 놀란 눈으로 고개를 저으며 라이언을 쳐다보았다.

"정말이냐?"

라이언은 아무 말도 하지 못한 채 가만히 있었다. 아빠의 질문에 '네'라고 쉽게 대답할 만큼 당당하다는 생각이 들지 않았기 때문이었다.

"지난 번 시험을 앞두고 라이언이 저를 찾아왔었어요. 공부를 어떻게 할지 도와달라고 하더군요."

"그래서 성적이 그렇게 올랐던 게로군요."

"저는 다만 누구나 다 아는 길을 가르쳐주었을 뿐이었어요. '계획을 세워라', '단계에 맞게 차근차근 공부해라' 이런 정도였지요. 그렇지만 그 길을 정작 걸어가야 할 라이언이 그냥 주저앉아 있었더라면 결코 얻을 수 없는 결과였습니다. 아마 라이언에게는 그 길이 가시밭길과도 같았을 거예요. 그 길을 스스로 견뎌냈으니 정말 훌륭한 아이 아닙니까?"

아빠는 계속 고개를 끄덕였다.

"그러니 이제 어머님, 아버님도 라이언을 믿고 지켜봐주시면 어떨까요?"

아빠는 라이언을 쳐다보았다.

"라이언. 엄마, 아빠에게 말하지 못했던 불만이 많았니?"

라이언은 얼굴이 빨개졌다.

"아니, 오해하지 마세요. 라이언은 부모님에 대한 그 어떤 불만도 제게 말한 적이 없습니다. 다만 저 역시 라이언과 비슷한 청소년 시절을 겪었거든요. 그 시기 자식을 둔 부모님들이 어떤 걱정으로 하고 계시는지도 너무나 잘 아는 걸요."

"저도 라이언을 꾸중할 생각은 없습니다. 부모에게 불만이 없는 아이가 어디 있겠습니까? 그걸 찰리 씨한테라도 말하고 마음이 시원해진다면 오히려 다행이지요. 다만 무엇이 그렇게 불만이었는지 궁금해서 물어본 거였어요."

"아버님께서 라이언을 잘 이해해 주시는 것 같네요."

"허허허, 그런가요? 라이언, 한번 말해보렴. 엄마, 아빠한
테 그동안 하고 싶었던 말이 있었다면 말이야."

라이언은 쉽게 입이 떨어지지 않았다. 그런데 자신을 보며
환하게 웃고 있는 아빠의 얼굴을 보자 어디선가 없던 용기가
생겨나는 것 같았다.

"아빠, 저는요……. 그냥 엄마랑 아빠가 저를 믿어주셨으
면 좋겠어요. 아빠도 아시잖아요. 엄마는 하루 종일 잔소리
만 하세요. 물론 다 절 위해서 하시는 말씀이라는 건 알아요.
그렇지만 막상 저는 뭔가를 하려다가도 엄마 잔소리를 들으
면 기운이 쭉 빠져서 아무것도 할 수 없게 돼요. 그리고 아빠
는 꼭 엄마 편을 들어주시잖아요? 그럴 때마다 좀……."

라이언은 여기까지 말하고 살짝 머뭇거렸다.

"좀, 뭐?"

"외롭다는 생각이 들어요."

"저런."

아빠는 라이언의 어깨에 팔을 두르며 말했다.

"라이언, 엄마, 아빠는 그게 널 위해서 한 말이었단다. 그

마음은 이해할 수 있겠니?"

라이언은 고개를 끄덕였다.

"그래, 오늘 네가 한 이야기는 아빠가 꼭 마음속에 담고 있도록 하마. 그리고 엄마랑도 이야기를 나누어볼게. 그런데 말이다……."

"네?"

"네 인생의 목표가 뭐냐? 찰리 아저씨한테만 말하고 아빠한테는 말한 적이 없잖니?"

"그건……. 아직은 좀 비밀인데요."

"그럼 언제쯤 비밀이 아닌 게 되는 거냐?"

"음, 엄마 잔소리가 지금의 절반으로 줄어들 때쯤?"

"하하하, 녀석 참. 알았다, 알았어."

아빠와 찰리가 큰 소리로 웃었다. 어느새 농구대 뒤로 붉은 노을이 깔리고 있었다. 세 사람은 아버지의 차를 타고 집으로 갔다.

"라이언, 내일은 우리 집에 들르지 말고 도서관으로 바로 오렴. 난 아침부터 도서관에 있을 예정이니까 말이야. 그리고 아버님, 오늘 즐거웠습니다. 다음에 또 뵙지요."

"아이구, 저야말로 오늘 찰리 씨 덕분에 라이언이랑 속 얘기도 다 하고, 고마웠습니다."

찰리가 집으로 들어간 뒤, 라이언은 아빠의 얼굴을 보며 조심스럽게 말했다.

"아빠, 혹시 마음 상하신 건 아니죠?"

"그럴 리가 있겠니? 걱정하지 마라."

차에서 내린 아빠는 라이언의 어깨를 토닥여주었다.

저녁 식사를 마치고 책상에 앉은 라이언은 여러 가지 생각으로 머릿속이 복잡했다.

'영화감독이 되려면 도대체 뭘 준비해야 하는 거지? 그냥 단순하게 공부만 해서도 안 되고, 그렇다고 늘 영화만 보고 있는 건 너무 나태하고…….'

그러다 뭔가가 번뜩 떠올랐다.

'아! 인물 파일! 그래, 이번 인물은 모조리 영화감독으로 찾아봐야겠어. 그 사람들이 어떻게 영화감독이 될 준비를 했는지 찾아본다면 뭔가 방법이 나올 거야.'

그제야 라이언의 복잡했던 마음이 조금 가라앉았다.

'그래, 내일 도서관에 가서 한번 찾아보자. 내가 생각해냈지만 정말 좋은 방법이야. 후후.'

라이언은 가방에서 책을 꺼내 오늘 배운 내용을 차분히 읽어보았다. 매일 학교에서 배운 내용과 미처 이해하지 못한 내용을 체크하는 습관을 들여놓았더니, 이젠 이 일을 하지 않으면 잠이 잘 오지 않을 정도로 허전했다.

다음 날 라이언은 수업이 끝나자마자 바로 도서관으로 달려갔다. 라이언은 컴퓨터실로 들어가 자신이 좋아하는 영화 감독들을 조사하기 시작했다.

스티븐 스필버그를 비롯해서 마틴 스콜세지, 스탠리 큐브릭, 제임스 카메론, 조지 루커스, 왕가위 등 세계적으로 이름을 떨치고 있는 감독들의 어린 시절부터 지금까지를 조사하는 동안 라이언은 한 가지 공통점을 발견할 수 있었다.

그것은 어린 시절부터 특별히 좋아했던 취미가 있었다는 점이었다. 스필버그와 스콜세지는 영화 감상, 그리고 큐브릭은 사진, 카메론과 왕가위, 루커스는 유명한 독서광이었다. 그중에서도 스필버그의 경우, 지금 라이언의 나이 무렵부터 아마추어 영화 제작자였다니 정말 놀라웠다.

라이언은 자신이 찾아낸 내용들을 언제나 그랬듯이 깔끔하게 정리하여 찰리에게 건넸다.

"라이언, 4시간도 더 지난 것 알아?"

찰리는 소곤거리는 목소리로 말했다. 라이언은 깜짝 놀라 창밖을 내다보았다. 찰리의 말대로 바깥이 어둑어둑해지고 있었다.

"헉, 시간 가는 줄 몰랐네. 어휴, 엄마한테 혼나겠다."

라이언은 머리를 긁적였다.

"같이 가자. 내가 어머니께 잘 말씀드려 줄게."

라이언은 찰리와 함께 집으로 돌아왔다.

"라이언, 지금이 몇 시니? 적어도 저녁 먹기 전까지는 왔어야지!"

라이언이 문을 열고 들어서자마자 엄마는 화가 많이 난 듯 소리쳤다. 그러다 찰리와 함께 있는 것을 발견하고는 곧 무안한 얼굴로 인사를 건넸다.

"아유, 안녕하세요?"

"안녕하셨죠? 라이언이 저와 함께 도서관에서 지금까지 공부했어요. 이렇게 늦었는지 몰랐네요. 죄송합니다."

찰리는 차분하면서도 예의 바르게 이야기를 했고, 엄마의 표정도 조금은 누그러진 듯했다. 찰리는 라이언에게 눈을 한 번 찡긋 해보이고는 현관문을 열고 엄마에게 인사를 했다.

"그럼, 다음에 또 뵙겠습니다. 안녕히 계세요."

찰리가 가고 나자 엄마의 잔소리가 이어졌다.

"그럼 집에 전화라도 했어야지. 걱정했잖아."

"죄송해요. 다음부터는 전화 드릴게요."

"얼른 저녁 먹어."

라이언이 저녁을 먹으려고 식탁에 앉을 때, 아빠가 현관문을 열고 들어왔다.

"오늘은 왜 당신까지 연락 없이 늦는 거예요?"

"왜, 또 누가 늦었어요? 하긴, 나 말고 늦을 사람은 라이언밖에 없지?"

아빠는 식탁에 앉아 있는 라이언을 쳐다보았다. 라이언이 아빠에게 살짝 윙크하자 아빠 역시 라이언에게 눈짓을 하고는 방으로 들어갔다.

"오늘은 엄마한테 잘 보여야겠는데?"

잠시 후 식탁에 앉은 아빠가 라이언의 귀에 대고 속삭였다. 라이언은 피식 웃음이 터졌다.

저녁 식사를 마친 라이언은 방으로 들어갔다. 그리고 도서관에서 적어온 자료를 펼쳐 놓고 생각에 빠졌다.

'유명한 감독들이 책을 많이 읽었다는 거지? 흠……'

라이언은 이전에 써두었던 생활 계획표를 꺼내 보았다. 하루 종일 빡빡하게 잡혀 있는 시간들 중 틈을 내어 책을 읽어야겠다는 생각이 들어서였다. 그렇지만 망설여지기도 했다. 일단 시간도 많지 않거니와, 라이언은 책 읽기를 그리 좋아하지 않았기 때문이다. 아니, 솔직히 말하면 라이언은 책 읽기를 싫어했다. 겨우 읽는 책이라는 것이 교과서 외에는 토론 수업에서 필요해서 읽었던 몇 권이 전부였다.

'싫어도 해봐야지. 다 내 인생을 위해서인데.'

라이언은 스스로 다짐하고, 첼로 레슨을 하지 않는 날에는 그 시간을 이용해서 책을 읽기로 마음먹었다.

며칠이 지났다. 라이언은 2층 방에서 도서관에서 빌린 책을 읽고 있었다. 조만간 영화로 만들어진다고 소문난 소설이었다. 라이언은 영화로 만들어진다면 어떤 장면이 나올지 상상하며 책장을 넘겼다. 그렇게 한참 읽다가 고개를 들고 창밖을 보는데, 찰리 아저씨 대문 앞에 한 중년 신사가 서 있는 것이 보였다.

호기심이 발동한 라이언은 책을 그 자리에 두고 후다닥 밖

으로 나갔다. 찰리는 그 중년 신사와 반갑게 인사를 나누다
가 마당에 서 있는 라이언을 발견하고는 오라고 손짓을 해
보였다. 라이언은 얼른 옆집으로 건너갔다.

"내가 전에 얘기했지? 바로 이분의 차를 운전했단다."

"아, 안녕하세요?"

라이언은 인사를 했다. 중년 신사는 생각했던 것보다 부드
러워 보이는 인상이었다.

"그래, 반갑다."

"하하하, 사장님, 이 녀석이 바로 제 2의 찰리입니다."

"오, 그래?"

"라이언, 잠깐 들어오렴. 너도 조나단 아저씨 보고 싶어
했잖아."

라이언은 기다렸다는 듯이 찰리를 따라 집으로 들어갔다.
찰리 집에서는 빵 굽는 냄새가 가득했다.

"자네 이제는 집에서 음식을 만들어 먹는가 보군."

조나단은 소파에 앉으며 말했다.

"그럼요. 음식 솜씨도 좋아지고 돈도 절약하고, 일석이조
지요."

"흠, 매일 햄버거를 사 먹던 때에 비하면 정말 놀라운 발

전이야."

"네, 그렇죠. 하하!"

잠시 후 찰리는 차를 내왔다.

"라이언이라고 했나? 중학생이니?"

"네."

"한참 미래에 대한 꿈으로 마음이 부풀어 있을 때구나."

조나단은 차 향기를 맡으며 말했다. 라이언은 씩 웃으며 고개를 숙였다.

찰리가 소파에 앉으며 말했다.

"라이언, 너도 이분께 네 꿈을 말씀드려 봐. 나처럼 중요한 인생의 힌트를 얻게 될지도 모르니까 말이야."

조나단도 이야기를 해보라는 듯 고개를 끄덕였다.

라이언은 처음 보는 아저씨에게 자기의 꿈을 얘기한다는 것이 조금 불편하게 느껴졌다. 알렉스와 찰리에게 꿈을 털어놓는 것도 무척 어렵게 마음먹었던 일이 아니었던가.

"처음부터 꿈에 자신을 갖는 사람은 별로 없지. 하지만 꿈이 있다면 서슴없이 말하는 것도 자신감을 갖는 비결이란다. 말해놓고 나면 그 말에 대한 책임감으로 더 열심히 꿈을 이루려고 노력하게 되거든. 한번 말해 보렴."

조나단이 따뜻한 표정으로 말하자 마음이 한결 누그러지는 것을 느꼈다. 라이언은 심호흡을 한 번 하고 입을 열었다.

"제 꿈은 영화감독이에요."

"오, 멋진 꿈이구나! 그래, 그 꿈을 위해 어떤 노력을 하고 있니?"

"사실, 별로 해본 게 없어요. 그저 영화를 남들보다 좀 더 많이 봤을 뿐인 걸요."

"흠, 그래? 난 개인적으로 영화를 많이 보는 게 영화감독이 되는 데 큰 도움이 될 거라고 생각하는데?"

"저는 그냥 영화가 재미있으니까 본 것일 뿐이었지, 영화를 보면서 뭔가를 분석한다거나 상상한다거나 해본 적이 없어요. 그렇지만 유명한 영화감독들은 어린 시절부터 영화를 많이 보면서 남들과 달리 영화에 대한 전문적이고 구체적인 계획을 세운다고들 하더라고요."

"하하하, 그거야 지금부터 그런 생각을 하면서 보면 되는 거지."

조나단은 큰 소리로 웃었다.

"그뿐만 아니라, 많은 감독들이 어릴 적부터 독서광이었다고 해요. 그렇지만 저는……."

"흠, 그래. 책을 많이 읽는 것이 영화를 만들 때 큰 도움이 되는 건 분명한 사실일 게다. 책 속에는 내가 경험해 보지 못한 다양한 세계가 들어 있거든."

"그렇지만 저는 책 읽는 걸 별로 좋아하지 않아요. 아까도 책을 한 권 읽다가 지겨워서 뛰쳐나온걸요."

라이언은 풀 죽은 목소리로 말했다. 조나단과 찰리는 그런 라이언의 모습을 물끄러미 바라보았다.

"라이언, 넌 이제 열여섯 살이야. 이런 말은 좀 냉정하다만, 네가 나중에 네 손에 쥘 수 있는 마시멜로는 바로 지금부터 결정된다고 해도 과언이 아니란다."

라이언의 입에서는 한숨이 절로 나왔다.

"그렇다고 해서 그렇게 풀이 죽을 건 없어. 지금 풀이 죽어 아무것도 하지 못한다면 넌 네 손에 쥐고 있던 얼마 안 되는 마시멜로조차 놓아버리는 것이나 마찬가지거든. 지금부터는 말이지……."

라이언은 침을 꿀꺽 삼키며 조나단의 얼굴을 바라보았다.

"뭐든지 즐겨 봐. 난 적어도 네가 지금 하지 않아도 될 일과 지금 꼭 해야 할 일이 무엇인지는 안다고 생각한다. 지금 하지 않아도 될 일이거나 하지 말아야 할 일보다는, 지금 꼭 해야 할 일을 하기 싫거나 짜증이 나도 즐기는 거지."

라이언은 멍하니 두 눈을 깜박거렸다.

"하기 싫고 짜증이 나는데 어떻게 즐길 수 있어요?"

"방법은 한 가지뿐이야. 머릿속에 미래의 네 모습을 그려 놓고, 그걸 늘 떠올리는 거란다. 넌 영화감독이 되고 싶다고 했으니까 그래, 아카데미 시상식에서 감독상을 받는 모습을 떠올리는 게 어떻겠니?"

라이언의 입에서는 절로 웃음이 터져 나왔다. 아카데미 감독상이라고? 생각만 해도 기분 좋은 일이었다.

"자, 그 자리에 가기 위해 넌 지금부터 계단을 하나씩 밟아가는 거야. 물론 그 계단을 하나씩 오를 때마다 네 앞에는 여러 가지 유혹이 찾아올 거야. 지금만 해도 그렇잖니? 넌 책을 많이 읽어야 한다고 생각하지만, '책장을 덮고 나가고 싶다'라는 달콤한 유혹이 눈앞에 있으니까 말이야. 그렇지만 그 유혹을, 눈앞의 마시멜로를 밀쳐내고 꾸준히 계단을 오른다면 네가 상상하던 너의 모습에 점점 가까워질 거야. 그 계단 끝에서 '최고의 영화감독'이라는 정말 커다란 마시멜로를 맛볼 수 있겠지. 어때, 이런데도 눈앞에 있는 작은 마시멜로를 먹어치워 버리겠니?"

"아니요."

라이언은 힘차게 고개를 저었다. 조나단은 지그시 미소를 지으며 고개를 끄덕거렸다.

두 사람의 이야기를 듣던 찰리도 입을 열었다.

"아참, 아까 책 이야기가 나와서 말인데, 책이란 많이 읽으면 읽을수록 배경 지식이 쌓이니까 이해하기가 점점 쉬워진단다. 우선은 책과 친해지도록 노력해봐. 책은 꼭 책상에서만 읽어야 한단 법은 없단다. 편하게 소파에 기대어 읽어도 좋고, 침대에서 읽어도 괜찮아. 골치가 아파도 한 권씩 읽다 보면 점점 독서가 즐거워질 거야."

"알았어요. 집에 돌아가서 당장 해볼게요."

"좋아! 바로 그 패기가 열여섯 살에 딱 어울리는 거야. 네 힘을 한번 믿어 보마. 그나저나 미리 네 사인이라도 하나 받아 두어야 하는 게 아닌지 모르겠다, 허허허."

조나단은 기분 좋게 웃었다.

"사인보다는 사진이 더 확실하죠. 제가 얼마 전에 폴라로이드 카메라를 한 대 장만했는데, 오늘 시험 삼아 한번 써봐야겠네요."

찰리는 방으로 들어가 폴라로이드 카메라를 들고 나왔다.

조나단은 라이언의 어깨에 팔을 두른 뒤 포즈를 취해 보였다. 잠시 후 카메라에서는 '지잉-' 하는 소리와 함께 사진이 빠져 나왔다. 찰리는 사진을 두 장 찍어 라이언과 조나단에게 나누어주었다. 조나단은 사진에 '2020년 아카데미 감독상 수상자와 함께' 라고 써서 라이언에게 건네주었다. 그걸 본 라이언은 '내 첫 영화의 실제 주인공과 함께' 라고 써서 조나단에게 건넸다.

"어이구, 내가 주인공? 이거 영광인데?"

"아저씨 덕분에 제가 감독상을 탈 텐데, 제가 영광이죠."

라이언과 조나단, 찰리는 서로 마주보며 큰 소리로 웃었다.

꿈을 현실로 만들어라

 몇 달이 흘렀다. 그동안 날씨는 시원해졌고, 라이언은 학기 막바지를 보내느라 바빴다.

라이언은 스스로 짠 계획표에 따라 공부를 하고, 책도 읽었다. 영화도 열심히 보았고 일주일에 2~3일은 도서관에 다니는 것도 빠뜨리지 않았다. 이렇게 생활하다 보니 며칠이 하루처럼 빠르게 지나갔다.

첼로 연주는 그동안 실력이 부쩍 늘어 다음 달이면 목표했던 바흐의 「무반주 첼로 모음곡」을 연주할 수 있을 것 같았다. 첼로 연습은 계속 꾸준히 할 계획이었다. 영화감독이 되면 영화 주제곡에 대한 안목도 필요하니 도움이 되리라는 생각에서였다.

또 한 가지 놀라운 변화도 있었다. 지난주엔 작문 선생님
으로부터 그동안 책을 열심히 읽었던 탓인지 문장력이 크게
늘었다며 칭찬을 받기도 했다. 선생님은 라이언이 제출한 과
제를 지역 대학에서 실시하는 글짓기 대회에 내보내겠다고
했다.

한편 찰리는 기말 시험과 대학 졸업논문 준비 때문에 학교
에 자주 가야 했다. 그래서 최근에는 라이언 혼자 도서관에
가는 일이 많아졌다. 인물 파일 만드는 일은 끝났지만 도서
관에 가서 책을 읽고, 영화도 보는 것은 이제 라이언의 생활
중 하나가 되었다.

기말 시험만 치르면 방학이었다. 전에 응모해 둔 일주일간
의 영화 캠프만 당첨이 된다면 이번 방학은 즐겁게 보낼 수
있을 터였다. 물론, 부모님의 허락을 받아내는 것이 큰 과제
이긴 했지만……

"라이언, 기말 시험 준비하고 있냐?"
방과 후 첼로 레슨을 받으러 가는 길에 알렉스가 다가와서

물었다.

"알렉스, 시험 공부는 닥쳐서 하는 게 아니라 평소에 차근차근……."

"아이고, 알았다, 알았어. 참, 어제 크리스가 나한테 와서 너 무슨 일 있냐고 묻더라?"

"크리스가?"

"뭐, 네가 그렇게 많이 변했다는 뜻이겠지. 그나저나 이번 방학에는 내가 찰리 아저씨한테 교육 좀 받아야겠어."

"왜?"

"요즘 공부도 잘 안 되고, 의욕도 없어지는 것 같아서. 나도 너처럼 변신 한번 해보게."

라이언은 큰 소리로 웃었다.

"난 이만 간다. 첼로 레슨 잘 받고 가!"

알렉스는 손을 흔들며 앞서 뛰어갔다.

레슨을 마치고 집으로 온 라이언은 방으로 들어가 컴퓨터를 켜보았다. 오늘이 바로 영화 캠프 당첨자 명단이 발표되는 날이었다.

라이언은 두근거리는 마음으로 영화 잡지 사이트에 접속했다. 그리고 공지 사항에 떠 있는 당첨자 명단을 클릭했다.

"야호!!!!!"

라이언은 그 자리에서 펄쩍펄쩍 뛰며 소리를 쳤다. 명단에는 라이언의 이름이 있었다.

'경쟁률이 13대 1이었다는데, 정말 운도 좋지.'

하지만 기쁨도 잠시였다. 라이언은 부모님께 어떻게 허락을 받아야 할지 걱정되기 시작했다. 그렇다고 몰래 다녀오기엔 일주일이라는 시간은 너무 길었다.

라이언은 또 한 번 찰리의 도움을 받기로 했다. 이럴 때 도움을 줄 수 있는 사람은 역시 찰리밖에 없었다. 시간이 촉박했던 탓에 라이언은 찰리에게 전화해 상황을 전했다.

"축하해, 라이언! 그렇게 좋은 기회를 놓칠 순 없지. 네가 먼저 일단 부모님께 말씀을 드려봐. 만약 안 된다고 하시면 그때 내가 도와줄게."

찰리의 말대로 라이언은 부모님께 허락을 받아보기로 마음먹었다. 그날 저녁 식사를 하면서 라이언은 어렵게 말을 꺼냈다.

"저, 엄마, 아빠, 제가 사실은……"

라이언은 영화 캠프에 당첨되었다며, 꼭 가보고 싶다고 말했다. 엄마는 이야기를 듣는 도중에 이미 인상을 찌푸리고 있었고, 아빠는 아무 말이 없었다.

"넌 곧 고등학생이 될 텐데 그런 일에 쓸 시간이 어디 있니? 공부하기도 모자라는데…….."

"엄마, 저 꾸준히 성적 올렸잖아요. 캠프 기간을 빼고는 계속해서 열심히 공부할 거예요. 그러니까 이번 캠프는 꼭 가도록 해주세요."

"안 돼!"

라이언은 아빠를 향해 간절한 눈빛을 보냈다.

"흠, 난 공부도 공부지만, 혹시라도 위험할까봐 걱정이구나. 집을 일주일이나 떠나 있는데 부모 입장에서는 당연히 걱정되지 않겠니?"

아빠 역시 고개를 저었다. 라이언은 한숨만 나왔다.

결국 방법은 하나밖에 없었다. 꽤 늦은 시간이었지만, 라이언은 하는 수 없이 찰리에게 전화를 걸었다.

"그래? 알았다. 내가 방법을 생각해 볼게. 넌 아무 걱정 말고 기말 시험 공부하고 있어라."

"예, 전 아저씨만 믿어요."

라이언은 전화를 끊은 뒤 더욱 열심히 공부에 몰두했다. 이렇게 된 마당에 성적까지 떨어지면 부모님의 허락을 절대 받아내지 못할 것만 같았기 때문이었다.

다음 날 저녁이었다. 라이언과 아빠는 텔레비전을 보고 있고, 엄마는 한창 저녁을 준비하고 있었다. 그때 초인종 소리가 들렸다.

"올 사람이 없는데 누구지?"

엄마는 현관문을 열고 내다보았다. 뜻밖에 찰리가 찾아온 걸 보고는 놀라며 대문을 열었다.

"아니, 어쩐 일이세요?"

"아, 제가 케이크를 좀 구웠는데 한번 드셔 보시라고요."

문 앞에는 케이크를 들고 있는 찰리가 서 있었다.

"어머, 고마워라! 그러지 말고 들어오셔서 저녁이라도 함께 하세요."

찰리는 못 이기는 척하며 집안으로 들어왔다. 라이언은 속으로 쾌재를 불렀다.

라이언의 가족과 찰리는 이런저런 이야기를 나누며 즐겁게 저녁 식사를 했다. 식사를 마친 뒤에는 모두가 거실에 앉아 차를 마셨다.

"라이언, 이번에 영화 캠프에 가게 되었다고 했지?"

찰리가 묻자 라이언은 고개를 끄덕였다.

"어휴, 말도 마세요. 어제 얼마나 조르던지 몰라요. 그렇지만 공부해야 하는 아이가 그런 데서 일주일씩이나 보낼 수 있나요?"

엄마는 걱정스럽다는 표정으로 말했다. 찰리는 라이언에게 빙긋이 웃어 보였다. 그러고는 이내 엄마와 아빠를 보며 말했다.

"제가 들었던 이야기 중에 참 재미있는 이야기가 하나 있는데요……."

찰리는 차분하게 이야기를 시작했다.

아룬 간디 이야기
위대한 아들을 키운 위대한 아버지

아룬 간디는 마하트마 간디의 손자다. 마하트마 간디는 20세기 최고의 성인 가운데 한 사람으로 추앙받는 인물이다. 그는 자신이 평화적으로 이룩한 위대한 업적에 대해 매우 겸손했다. 하지만 딱 한 번 자신의 성공 비결에 대해 말한 적이 있었다.

"저는 그저 평범한 사람에 지나지 않습니다. 따라서 저와 같은 노력을 기울이고, 저와 똑같은 희망과 믿음을 가꾼다면 누구나 제가 이룩한 만큼의 성취는 거둘 수 있을 것입니다."

그는 '노력'과 '믿음'이 성공의 지름길임을 강조했다. 어찌 보면 이는 매우 먼 길일 수도 있지만 그 여정의 끝은 그에 대한 보상으로 가득 채워져 있음이 분명했다.

아룬 간디는 이 같은 할아버지의 가치관과 신념을 깊이 존경했다. 마하트마 간디가 위대한 인물이어서가 아니라, 언제나 자신에게 인자하고 너그러운 할아버지였기 때문이다. 열두 살이 되던 해 아룬은 아버지의 현명한 배려로 할아버지집에서 1년 6개월을 살았다.

그 덕분에 아룬은 할아버지에게서 많은 것을 배울 수 있었다. 막 사춘기로 접어든 아룬이었지만, 그는 할아버지로부터 자신을 자제하는 법과 평화롭게 힘을 사용하는 법, 그리고 무엇보다 겸손에 대해 배웠다.

당시 아룬은 할아버지가 자신의 친필 사인회 행사를 통해 모은 자선 기금으로 가난한 사람들을 도와주는 모습에 무척 감동을 받았다. 할아버지는 아룬의 등을 두드리며 말했다.

"내가 얻은 결실들을 나를 도와준 모든 사람들에게 베풀 줄 알아야 한단다."

이처럼 할아버지의 깊은 지혜와 사랑 속에서 자라난 아룬은, 열일곱 살 되던 해 그의 아버지에게서도 매우 소중한 교훈을 얻을 수 있었다.

어느 날 아침, 아룬의 아버지는 회의에 참석하기 위해 아룬에게 집에서 15킬로미터 가량 떨어진 사무실까지 차로 데려다 달라고 말했다. 사무실에 도착한 후 아버지는 아룬에게 말했다.

"얘야, 아무래도 차를 수리해야겠다. 덜덜거리는 소리가 귀에 거슬리는구나. 차를 정비소에 맡긴 다음 수리가 끝날 때까지 기다렸다가, 늦어도 다섯 시까지는 다시 사무실로 돌아오너라."

"네, 아버지. 잘 알겠습니다."

"다섯 시까지 꼭 돌아와야 한다."

"걱정하지 마세요."

아룬은 덜덜거리는 차를 끌고 시내 외곽에 자리한 정비소로 향했다. 차를 고치는 동안 무엇을 할지, 아룬은 고민을 했다. 하지만 그저 정비소에서 기다리는 일 외에는 딱히 할 일이 없었다. 그는 차를 정비사에게 넘긴 후, 간이 식당에서 간단히 점심 식사를 하고 돌아왔다. 그의 차는 정비소 옆 주차

장에 세워져 있었다. 정비사가 그에게 큰 소리로 말했다.

"차를 다 고쳤어. 타고 가도 된단다."

"벌써 다 고치셨어요?"

아룬은 시계를 보았다. 이제 겨우 12시였다. 아직 5시간이나 남아 있었다. 아룬은 왠지 모를 가벼운 흥분에 가슴이 뛰는 걸 느꼈다. 그는 망설이지 않고 차를 몰아 시내로 들어갔다. 화려한 간판의 극장이 눈에 띄자 아룬은 곧바로 차를 세운 다음 영화표를 샀다. 두 편을 동시 상영하는 극장이었다. 그는 손목시계를 쳐다보았다.

'동시 상영이라……. 영화 한 편 보고 사무실로 가도 충분하겠구나.'

하지만 아룬은 영화에 푹 빠진 나머지 두 편을 연속해서 보고 말았다. 마지막 자막이 올라갈 때가 되어서야 그는 화들짝 놀란 얼굴로 다시 시계를 보았다. 6시 5분이었다.

아뿔싸! 아룬은 벌떡 일어나 극장 밖으로 뛰어나왔다. 그가 아버지의 사무실에 도착했을 무렵에는 이미 주위에 땅거미가 지고 있었다. 아버지는 석양을 받으며 사무실 밖에 혼자 서 있었다. 아룬은 허겁지겁 차에서 내렸다.

"죄송해요. 제가 많이 늦었죠?"

청소년을 위한 마시멜로 이야기

아버지의 얼굴에는 근심과 안도감이 동시에 교차하고 있었다.

"아들아, 네게 무슨 사고라도 생기지나 않았는지 무척 걱정했단다. 무슨 일이 있었느냐?"

아룬은 갑자기 억울한 표정을 지었다.

"어휴, 어리석은 정비사들 때문에 이렇게 늦었어요. 그 사람들, 고장 원인을 좀처럼 찾지 못하다가 겨우겨우 수리를 끝냈어요. 곧장 달려왔는데 너무 늦었네요. 정말 죄송해요."

아버지는 약간 의아한 표정이었다. 잠깐 그의 얼굴이 찌푸려졌으나 다시 침착함을 찾는 듯했다. 아버지는 아무런 말이 없었다. 아룬은 이 같은 아버지의 모습을 애써 외면하며 열심히 딴전을 피웠다.

"이제 덜덜거리는 소리는 나지 않을 거예요. 타세요, 아버지."

아룬이 운전석에 올랐다. 그러나 아버지는 차에 타지 않은 채 여전히 그 자리에 꼼짝 않고 서 있었다. 초조해진 아룬은 차의 시동을 걸었다.

"타세요, 아버지. 어서 집에 가야죠."

아버지는 아들의 얼굴을 한참 동안 쳐다보다가 이윽고 입을 열었다.

"아들아, 차를 몰고 집으로 가거라. 나는 걸어가겠다."

"네? 아버지 그게 무슨 말씀이세요?"

"못 들었느냐? 난 집까지 걸어가련다."

아룬은 몹시 당황하지 않을 수 없었다. 사무실에서 집까지는 15킬로미터가 넘는, 걷기에는 너무나 먼 거리였다.

"아버지, 왜 그러세요?"

아룬은 거의 울상이었지만 아버지는 침착하고 위엄이 가득 담긴 목소리로 아들에게 말했다.

"아들아, 나는 지난 17년 동안 너를 올바르게 키우고자 노력했단다. 그런데 너에게 신뢰를 심어주지 못했구나. 나는 아버지로서 자격이 없다. 어떻게 해야 더 훌륭한 아버지가 될 수 있는지 곰곰이 생각하면서 집까지 걸어가야겠다. 그리고 네가 거짓말을 할 정도로 내가 그렇게 나쁜 아버지였다면, 부디 나를 용서해주기 바란다."

아버지는 약속 시간에 맞춰 사무실로 오지 않는 아들이 걱정된 나머지 정비소에 전화를 걸어 전후 사정을 모두 파악한 상태였다. 그러나 아룬에게는 그 말을 하지 않았던 것이다.

아버지는 걷기 시작했다. 아룬은 천천히 차를 몰아 아버지를 뒤따르면서 울먹였지만, 아버지는 잠자코 고개만 저었다. 그는 아들에게 조용히 말했다.

"아니다. 아들아! 너 먼저 가거라. 어서 집으로 가라."

아버지는 끝내 아들의 청을 거절했다. 그리고 천천히 밤거리를 걸었다. 결국 두 사람은 거의 5시간이 지난 자정 무렵이 되어서야 집에 도착했다. 집에 도착한 아버지는 아무 말 없이 잠자리에 들었다.

"어이쿠, 이런……. 아룬이 아주 큰 실수를 저질렀군요. 그런데 그 아버지야말로 정말 현명한 분이신 걸요? 아마 아룬은 다시는 아버지에게 거짓말할 생각을 하지 않았을 것 같네요."

흥미롭게 이야기를 듣던 라이언의 아빠는 큰 소리로 말했다.

"물론이죠. 아버지에게는 물론이고 다른 사람들에게도 거짓말을 하지 않았다고 합니다."

"당연히 그래야죠."

찰리는 고개를 끄덕이는 아빠에게 조용한 목소리로 말했다.

"사실 저도 어릴 때 말썽쟁이 아들이었답니다. 그런데 지금 생각해 보면 부모님께서 꾸짖거나 닦달하실 때보다, 아룬의 아버지처럼 아무런 말씀이 없으실 때 더 긴장했던 것 같아요. 그리고 그런 다음이면 늘 '부모님을 실망시켜드리는 일은 다시는 하지 말아야겠다'는 다짐도 더 강해졌지요. 물론 행동에도 많은 변화가 일어났고 말입니다."

"그건 그렇지요."

아빠는 찰리의 말에 수긍했다.

"그러니 어머님이랑 아버님께서도 라이언을 믿고 이번 영화 캠프에 참가할 수 있도록 허락하시는 게 어떨까요? 부모님께서 자기를 믿고 지켜본다고 생각하면 라이언도 쉽게 긴장을 풀지 않을 것 같은데요."

라이언은 침을 꿀꺽 삼키며 찰리와 부모님의 대화를 듣고 있었다.

"그렇지만 지금은 무엇보다 공부가 중요할 때인데……."

엄마는 이해할 수 없다는 듯 고개를 절레절레 저었다.

"라이언, 앞으로 더 열심히 할 자신 있지?"

찰리는 라이언을 쳐다보며 물었다. 라이언은 재빨리 고개를 끄덕였다. 그렇지만 엄마는 아직도 못미덥다는 표정이었다.

찰리가 부모님에게 물었다.

"아, 혹시 마시멜로 이야기를 들어보신 적 있나요?"

엄마가 라이언을 곁눈으로 쏘아보며 말했다.

"마시멜로? 라이언이 가끔 이야기하긴 하던데, 통 무슨 소리인지는 모르겠어요. 자세하게 말해주지 않아서⋯⋯."

"라이언, 부모님께 이야기를 들려드리지 그랬니?"

찰리가 말하자 라이언은 머리를 긁적였다.

찰리는 부모님에게 마시멜로 이야기를 차근히 전했다. 그러고는 말을 덧붙였다.

"부모님께서 걱정하시는 건 이해합니다만, 라이언의 꿈은 영화감독이 되는 것이라고 합니다."

찰리의 말이 채 끝나기도 전에 부모님은 라이언의 얼굴을 뚫어지게 쳐다보았다.

"네 꿈이 영화감독이라고?"

엄마는 눈을 동그랗게 뜨고 라이언을 쳐다보았다. 그에 비해 아빠는 무척 침착한 표정이었다.

"평소에 그런 말 없었잖니? 영화감독이라고?"

엄마는 라이언을 살짝 노려보며 말했다.

"저, 어머니, 영화감독은 아무나 하는 것이 아닙니다. 정말 무섭게 노력해야 겨우 될 수 있어요."

찰리는 엄마를 설득하기 시작했다.

"그러니까 걱정이죠. 저 녀석이 무섭게 노력을 할 수 있겠어요? 그저 평범하게 학교 다니다가 평범하게 직장 생활하는 게 딱 어울리는 녀석이라고요!"

엄마의 목소리가 약간 높아졌다.

"어머님, 제 이야기 좀 들어보세요. 라이언이 지금까지 아주 많이 바뀌지 않았습니까? 그게 아마 제 생각엔 마시멜로 이야기를 듣고 난 뒤로 짐작이 됩니다. 라이언은 어머님께서 알고 계신 것보다 훨씬 강하고 치밀한 아이입니다."

엄마는 작은 충격을 받은 것처럼 놀란 눈을 하고 라이언을 쳐다보았다.

"라이언은 지금부터 차근차근 영화감독이 될 준비를 하고 있습니다. 책도 많이 읽고, 공부도 열심히 하고 있지요. 그러니 믿고 한번 맡겨보세요. 성적은 지금도 꾸준히 오르고 있지 않습니까? 꼴찌가 하루아침에 일등이 될 수 없는 것처럼, 라이언도 하루아침에 좋은 성적을 내긴 힘들 겁니다. 그렇지만 부모님께서 조금만 기다려 주신다면 분명 라이언은 더 많이 나아질 거예요. 부모님께서 당장 눈앞의 마시멜로를 위해 라이언을 믿지 못하고, 기다려주지 못하는 건 조금 잔인해 보입니다."

찰리의 말에 귀를 기울이던 아빠는 고개를 끄덕였다. 엄마는 여전히 굳은 표정으로 입을 다물고 있었다.

"밤늦게 찾아와서 실례가 많았습니다. 그럼 전 이만……."

찰리는 소파에서 천천히 일어났다.

"아, 네. 그럼 조심히 가세요."

엄마와 아빠도 자리에서 일어나 인사를 했다.

"바로 옆인걸요, 뭐. 하하."

찰리는 웃음소리를 남기고 밖으로 나갔다. 남아 있는 부모님과 라이언 사이에는 어색한 침묵이 흘렀다.

"라이언, 생각 좀 해보자."

침묵을 깬 건 아빠였다. 라이언은 더 이상 조르는 것은 너무 철이 없는 행동이라는 생각이 들어 고개만 끄덕였다.

며칠이 지나 기말 시험이 다가왔다. 라이언은 굳은 각오로 계획을 세워 실천했고, 그래서인지 시험 치기가 훨씬 수

월했다.

시험 결과가 나오던 날, 라이언은 자신의 성적을 보며 깜짝 놀라고 말았다. 지난 시험보다도 각 과목당 10점씩은 더 좋은 성적이 나왔기 때문이었다. 지난 시험 때 별 반응이 없었던 선생님들도 모두 한 마디씩 했다.

"라이언, 열심히 했구나. 장하다."

"이번 시험에는 라이언 성적이 가장 많이 올랐네."

그럴 때마다 라이언은 쑥스럽기도 하고 기분 좋기도 했다.

그리고 며칠 후에는 작문 선생님이 라이언을 따로 불렀다. 이유는 지난번 글짓기 대회에 냈던 라이언의 독서 감상문이 입상했기 때문이었다. 라이언에게는 겹경사가 생긴 셈이다. 여기에 영화 캠프 허락까지 떨어진다면 라이언은 더 이상 바랄 것이 없었다.

그날 저녁 시간, 라이언은 두근거리는 마음으로 성적표와 글짓기 대회 수상자 명단을 부모님께 내밀었다.

"라이언, 정말 믿을 수가 없구나."

"책은 언제 또 이렇게 많이 읽었니?"

부모님은 기쁨에 들뜬 목소리로 말했다.

"헤헤, 영화감독이 되려면 공부도 잘하고, 책도 많이 읽어야 한다고 하더라고요."

아빠는 라이언의 모습이 뿌듯한지 몇 번이고 성적표와 명단을 번갈아 보셨다. 그러고 나서 환한 얼굴로 라이언에게 말했다.

"라이언, 기쁜 소식이 또 하나 있다."

"무슨 소식이요?"

"네가 영화 캠프에 가도록 허락한다는 소식이지."

라이언은 너무 놀라 말도 제대로 나오지 않았다.

"정, 정말이에요?"

"그래. 대신 영화 캠프 때문에 네가 해야 할 일을 제대로 못하는 것은 아니겠지?"

"걱정마세요. 엄마, 고마워요."

아빠는 라이언의 뺨을 가볍게 꼬집었다.

"이 녀석아, 엄마보다 아빠한테 더 고마워해야 돼. 아빠가 엄마 설득하느라 얼마나 애 먹었는지 아니?"

"헤헤헤, 정말 고마워요. 앞으로 정말 잘 할 거예요."

라이언은 터져나오는 웃음을 참을 수가 없었다. 자꾸만 자기도 모르게 입이 벌어졌다.

"녀석, 좋긴 좋은 모양이구나."

아빠는 라이언의 머리를 쓰다듬었다.

"엄마, 아빠, 고맙습니다. 정말 더 잘 할게요."

라이언은 집이 떠나가라 큰 소리로 외쳤다. 그러고는 옆집으로 달려갔다.

"아니, 이 시간에 웬일이야?"

찰리는 깜짝 놀란 얼굴로 문을 열었다.

"저 영화 캠프 가게 되었어요! 아저씨, 정말 고맙습니다."

"라이언! 잘 됐구나. 고맙긴. 다 네가 잘했기 때문이지."

"아니에요, 아저씨의 마시멜로 이야기 덕분에 제가 캠프에 가게 된 거예요. 정말 고맙습니다!"

인사를 하고 집으로 돌아온 라이언은 자기 방 창문을 활짝 열었다. 그리고 심호흡을 한 번 한 뒤, 휴대폰을 꺼내들고는 알렉스에게 문자 메시지를 보냈다.

'어이, 베프! 나 방학 때 영화 캠프 간다. 오늘 부모님 허락 받았어. 축하해줘!'

잠시 후, 휴대폰이 요란스레 울렸다.

"이야! 라이언! 드디어 해냈구나. 정말 축하해!"

잔뜩 흥분한 알렉스가 목소리를 높여 말했다.

"하하하, 고마워!"

"고맙긴, 하여튼 정말 축하해. 오늘 좋은 꿈 꿔라!"

"그래. 내일 보자. 너도 잘 자!"

통화를 마친 라이언은 들뜬 마음을 가눌 수가 없었다. 라이언은 창밖으로 고개를 내밀고 찬 공기를 들이마셨다.

'자, 내 꿈이라는 마시멜로를 얻기 위한 진짜 시작은 지금부터야. 누가 뭐래도 난 꼭 꿈을 이루고야 말 거야!'

라이언의 가슴은 터져나갈 것처럼 벅차올랐다. 밤하늘엔 높게 폭죽을 쏘아올린 것처럼 별들이 반짝이고 있었다.

청소년을 위한
마시멜로 이야기

제1판 1쇄 발행 | 2009년 3월 10일
제1판 41쇄 발행 | 2025년 4월 30일

원   작 | 호아킴 데 포사다
지은이 | 전지은
기   획 | 전미옥
펴낸이 | 하영춘
펴낸곳 | 한국경제신문 한경BP
출판본부장 | 이선정
편집주간 | 김동욱

주   소 | 서울특별시 중구 청파로 463
기획출판팀 | 02-3604-556, 584
영업마케팅팀 | 02-3604-595, 562   FAX | 02-3604-599
H | http://bp.hankyung.com   E | bp@hankyung.com
F | www.facebook.com/hankyungbp
등   록 | 제 2-315(1967. 5. 15)

ISBN 978-89-475-2698-2   03320